월 500
임대료 받는 엄마의
상가
투자
시크릿

안선이 지음

월 500
임대료 받는 엄마의
상가
투자
시크릿

원앤원북스

상가 임대수입의 기쁨을
당신도 느끼기 바라며

안녕하세요. 책과 커피, 재테크를 좋아하는 아들 둘 엄마입니다. 제가 한 권의 책으로 우연히 투자를 시작했듯이 가볍게 집어든 이 책이 당신에게도 그런 통로가 될 수 있기를 바랍니다.

저는 한때 월급이 따박따박 들어온다는 이유 하나로 평생의 월급쟁이를 꿈꿨습니다. 새로운 도전을 싫어하는 보수적인 성향인 저에게 매달 일한 만큼 대가를 받는 직장은 참 매력적인 선택지였지요. 그래서 정년까지 다니겠노라고, 내 발로는 절대 나가지 않겠노라고 힘들 때마다 다짐했어요.

그런데 제 계획과는 무관하게 회사는 인수합병 절차를 밟았고,

1년여의 시스템 통합 후에 희망퇴직을 실시하게 됩니다. 설상가상 아이들을 봐주시던 시어머님께서 건강 문제로 큰 수술을 앞두게 되자 저는 진퇴양난의 상황에 섭니다. 아이들도 아직 어리고 노후 준비도 미흡한 상황에서 자의 반 타의 반 퇴사를 하게 된 것이지요. 큰 위기의식을 느꼈어요. 내 나이 마흔 초반이니 앞으로 10년 이상은 회사에 다닐 수 있을 거라 생각했는데, 언제나 그렇듯이 큰일은 예고 없이 닥치더라고요.

퇴사 후 8개월이 지나 실업급여 지급이 끝나자 참 막막했습니다. 그제야 이러고 가만히 있으면 안 되겠다 싶어 움직이기 시작합니다. 그렇게 소위 '수익형 부동산'을 알아보게 되었어요. 아파트 투자에 비해 수익형 부동산 투자는 정보도 적었고, 어디서부터 어떻게 시작해야 할지 막막했습니다. 주변에 상의할 만한 사람도 없었고요. 맨땅에 헤딩하듯이 이리저리 발로 뛰며 알아보는 수밖에 없었어요.

수익형 부동산에는 뭐가 있나 찾아보니 다가구주택, 오피스텔, 상가, 지식산업센터 등 종류도 다양하더라고요(이때는 지식산업센터가 있는지도 몰랐어요). 그렇게 고민하다가 상가 투자를 결심하게 되었습니다. 상가는 다른 물건에 비해 고장·수리 등의 이유로 임차인에게 시달리는 경우도 적고, 임차인이 바뀔 때마다 인테리어를 신경 쓸 필요도 없었습니다. 수익형 부동산 투자에 무지한 서에게 정말 매혹적인 상품이었어요. 그런데 그다음이 문제였어요. 종목은

정했는데 어디서부터 시작해야 할지 막막했어요. 역시나 제일 쉽게 접할 수 있는 건 책이었습니다. 일단 책으로 상가 투자에 대한 기초 지식을 쌓은 뒤에 실전에 뛰어들었고, 이후 각고의 노력 끝에 가시적인 성과를 거두게 됩니다.

참고로 제가 쓰고 있는 이 책은 상가 투자에 엄청난 내공을 가진 고수의 책이 아니에요. 그저 한 평범한 엄마가 가계에 조금이나마 보탬이 되고자 시작한 상가 투자에 관한 이야기입니다. 시중에 보면 상가 투자를 다룬 몇 권의 책이 있어요. 아파트를 비롯해 주택 관련 투자서에 비하면 그 수가 터무니없이 적어요. 그만큼 상가는 일반인이 접근하기가 어려워요.

상가 관련 책은 특히 전문가가 쓴 게 많은데요. 내용을 보면 상권, 입지, 동선, 역세권 상가, 「상가건물 임대차보호법」, 경매로 상가 낙찰받기, 부가가치세 등 전문용어와 관련 지식이 많이 나와요. 하지만 이 책에는 그런 따분한 내용은 거의 없어요. 사실 그런 부분은 검색으로 누구나 충분히 찾을 수 있고, 이미 저보다 지식이 풍부한 전문가가 쓴 책도 쉽게 찾아볼 수 있기 때문입니다. 저도 그런 책을 몇 권 갖고 있는데요. 솔직히 어떤 내용은 상가를 가지고 있는 지금 봐도 잘 모르겠고 너무 어려워요. 이 책은 아무것도 모르는 아이 엄마가 어떻게 첫 상가를 샀고, 이후 5개나 되는 상가를 보유하고 지식산업센터 투자에까지 도전하게 되었는지 살펴보는 실전 투자서입니다.

아직도 기억납니다. 이것저것 수없이 따지고 매수한 첫 상가의 임대료 80만 원이 통장에 찍힌 그 순간을요. 충격을 받았어요. 너무 좋아서요. '세상에 이런 것도 있구나. 일을 안 해도 수입이 생길 수 있구나.' 하고요. 그다음은 뭐 80만 원으로 만족할 수가 있나요. 처음이 어렵지 그다음은 일사천리였어요. 시작이 반이라는 말이 진짜 맞는 말 같아요. 어떤 경로로든 이 책을 읽고 있는 독자 여러분도 부디 용기를 내기 바랍니다. 대출 앞에 벌벌 떨던 세상 겁쟁이인 저도 상가주가 되어 가계에 큰 보탬이 되고 있어요. 여러분도 하실 수 있어요. 상가 임대수입의 기쁨을 느끼시기 바라요.

안선이

차례

2장 · 상가 투자로 은퇴를 은퇴하다

3장 · 임대수입 300만 원 만들기 ①

4장 · 임대수입 300만 원 만들기 ②

5장 · 상가 투자도 요령은 있다

6장 · 상권분석 들여다보기

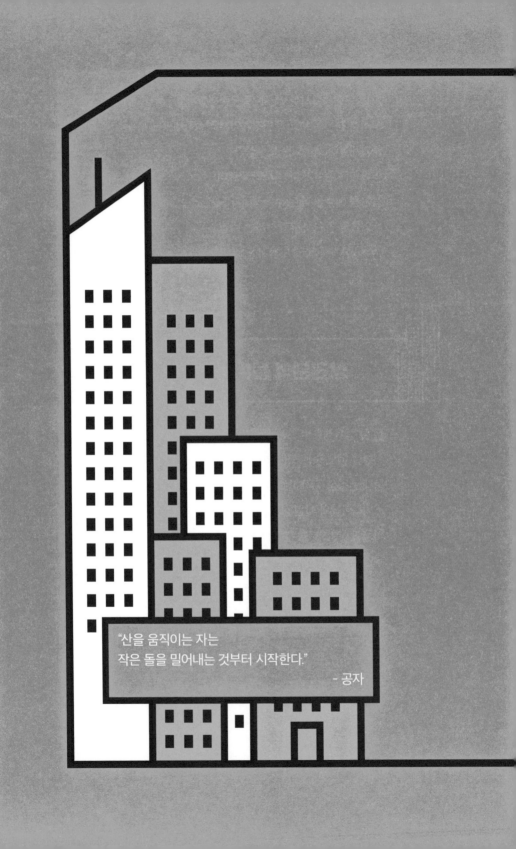

"산을 움직이는 자는
작은 돌을 밀어내는 것부터 시작한다."

- 공자

1장

엄마의 첫 상가
투자 도전기

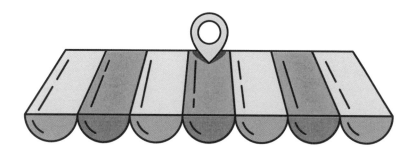

어리바리,
나의 첫 부동산 투자

운이 좋았다고 해야 할까요. 결혼 전 지금의 배우자와 인천에서 신혼집을 알아보던 중이었어요. 어리바리한 젊은 신혼부부였기에 집이나 집값에는 전혀 관심이 없었지요. 솔직히 아무것도 몰랐고 그냥 알콩달콩 편하게 지낼 전셋집이 필요했어요. 점찍어둔 집은 그 지역의 구축 대장 아파트였는데, 배우자가 어렸을 때 동네 부자들이 많이 살던 집이었다고 하더라고요. 그렇게 첫 공인중개사무소에 방문했어요. 나이가 60세는 넘어 보이는 공인중개사가 우리를 반갑게 맞았지요. 가벼운 마음으로 전셋집을 보러 왔다고 말했고, 노련한 부동산 사장님은 우리가 초짜임을 단박에 알아봤어요.

그때는 2007년 하반기로 집값이 꼭지였던 시기예요. 그런데 우리는 몇 년 사이 집값이 많이 올랐다는 것도 몰랐어요. 공인중개사는 전세보다는 집을 사는 게 좋다고 권했고, 그러면서 마침 좋은 집이 나왔다며 자리에서 벌떡 일어나 우리를 안내했어요. 저와 남편이 뭐라 할 새도 없이 앞서서 가셨지요. 결국 집을 보러 처음 방문한 그 공인중개사무소에서 우리는 무언가에 홀린 듯이 아파트를 삽니다.

아, 다시 생각해도 호구 중의 왕호구였어요. 집값이 한두 푼 하는 것도 아닌데 그렇게 덥석 계약하다니. 우리는 그냥 구경하러 온 거라 현금이 없다고 하니 공인중개사는 본인이 계약금까지 빌려주겠다며 ATM으로 향했어요. 그 자리에서 직접 100만 원을 뽑아 저희에게 주더라고요. 지금 생각해보면 우리 부부가 얼마나 어리바리하게 보였을지 부끄럽기도 하고 웃음도 나와요. 그 집은 아파트 외벽 쪽 꼭대기 집이었어요. 그렇게 우리 부부는 얼떨결에 여름엔 너무 덥고 겨울엔 세상 추운 그 집을 단번에 사게 됩니다. 매도인은 마치 선심 쓰듯이 매매가에서 50만 원을 깎아줬어요(500만 원 아니고 50만 원입니다).

그나마 다행인 건 그 아파트는 4천 세대 대단지였고, 그 일대 대장 아파트란 점이었어요. 그때는 몰랐어요. 이 세상 못난이 집이 우리집의 가장 큰 재원이 될 줄은. 모르는 게 약이라고 했던가요. 그 뒤로 집값이 오랫동안 떨어졌는데 우린 그것도 몰랐어요. 집값이

월 500 임대료 받는 엄마의 상가 투자 시크릿

떨어지든 말든 당시 3천만 원이라는 거금을 들여 인테리어를 새로 한 그 집에서 행복한 시간을 보냈어요. 처음 마련한 우리집이었고, 그곳에서 극성스러운 아들 둘이 생겨 우리는 네 식구가 되었어요.

아파트 값은 2억 5천만 원이었는데, 이 중 우리는 1억 6천만 원을 대출받았어요. 말이 1억 6천만 원이지 당시에는 그 숫자가 너무 크게 느껴졌고 양가에서도 대출금에 대한 걱정이 많으셨어요. 당시에는 대출 금리도 높았어요. 변동금리가 점점 오르는 추세라서 고정금리로 받았는데 제 기억에 4.5% 정도 되었던 것 같아요. 대출은 30년 만기상품으로 1년은 대출 이자만 내고 2년째부터 원리금을 상환할 수 있었어요. 1년간 대출 이자만 월 100만 원씩 냈어요. 100만 원짜리 월세에 사는 거나 마찬가지였지요. 첫해가 지난 뒤에도 매월 원리금으로 100만 원 이상이 나갔어요.

희망퇴직으로 직장을 잃기 전까지 저는 한 직장에서 13년 정도 근무했어요. 뼛속까지 월급쟁이였던 저는 대출 이자가 아까워서 미칠 것 같았어요. 반면 배우자는 사업을 하고 있어서 저런 대출 이자는 크게 신경 쓰지 않았어요.

설상가상 그 당시 배우자가 외제차를 샀어요. 리스였는데 이것도 한 달에 100만 원씩 빠져나갔어요. 그런데 배우자의 사업이 점점 힘들어지면서 그에 따라 수입이 들쑥날쑥해지기 시작했어요. 수입은 불안정한데 고정지출이 늘자 경제적으로 아슬아슬한 생활이 계속되었어요. 저금은 한 푼도 하지 못하는 상황이었지요. 결국 전

혼자서라도 대출을 갚아나가기로 결심했어요. 그때부터 대출금 상환을 목표로 강제 저축을 시작합니다.

⭘ 강제 저축을
⁞ 시작하다

물론 신혼을 내 집으로 시작하니 좋은 점도 많았어요. 내 집이 주는 안정감은 상상 이상이었고, 특히 자라나는 아이들에겐 더 그래요. 가전제품, 가구 등도 이사를 하지 않으니 고장나거나 상하지 않아서 10년이 지난 지금까지 잘 쓰고 있어요. 하다못해 신혼 때 친정 엄마가 사주셨던 작은 그릇, 국자, 주전자까지 그대로 사용 중이에요. 이사 시 드는 복비, 인테리어에 드는 비용까지 아낄 수 있었어요. 한마디로 쓸데없는 지출이 없었어요. 문제는 그런데도 고정 지출이 커서 저금은 한 푼도 못 했다는 거예요.

주택담보대출 1억 6천만 원 중 최초 중도상환액은 360만 원이었어요. 믿어지세요? 단돈 360만 원이요. 그런데 이 360만 원은 당시 저에게 결코 작은 돈이 아니었어요. 신랑 몰래 모아둔 제 비상금이었기 때문이에요. 비상금은 당장 쓰진 않아도 보고만 있어도 든든하고 기분이 참 좋잖아요. 그런 비상금을 쓴 이유는 집 사고 외제차까지 샀는데 주택담보대출 이자만 100만 원씩 나가는 건 아무리 생각해도 아니었기 때문이에요. 일단 무조건 이 대출 이자액을 줄일 필요성이 있었어요.

주변에서는 중도상환 수수료 등을 거론하며 중도상환을 반대했지만, 계산해보니 중도상환 수수료보다 대출 이자율이 훨씬 높았어요. 그리고 어차피 큰 금액을 상환할 것이 아니라면 수수료는 큰 상관없었어요. 대부분 대출을 상환할 때는 1천만 원 이상의 큰 자금을 투입하지만 저는 그게 불가능했어요. 당최 돈이 모이지 않았거든요. 그래서 방법을 바꿨어요. 금액이 크든 작든 그때그때 저축할 돈을 대출금 상환에 쓰기로 말이지요.

당시 집은 배우자 명의였고, 대출도 배우자 명의여서 대출을 상환하려면 매번 은행에 직접 방문해야 했어요. 이것도 멍청했던 게 우리가 뭘 좀 알았더라면 집을 공동명의로 했을 거예요. 그러면 주택담보대출 이자에 대한 부분을 연말정산 시 소득공제 받을 수 있었어요. 그 금액도 꽤 커서 부담이 덜했을 텐데 지금 생각하면 참 아쉬워요. 배우자는 자영업자라 주택담보대출 이자에 대한 소득공제가 불가능했는데, 집을 배우자 명의로 해서 소득공제도 받지 못했어요. 나중에 배우자에게 명의를 왜 단독으로 했냐고 따져 물었더니, 글쎄 당시 공인중개사가 배우자에게 몰래 이렇게 말했다고 하네요. "헤어질지 모르니까 명의는 자기 앞으로 하는 게 좋아." 화가 났지만 지금은 다 용서해주기로 했어요.

하여튼 주택담보대출을 상환하기 위해 매번 은행에 직접 방문했지만 하나도 번거롭지 않았어요. 번거롭기는커녕 오히려 신이 났어요. 다녀오면 대출금이 줄어 있으니까요. 처음 은행에 방문해서 주택담보대출을 갚으러 왔다고 하니 은행원이 상환액을 물었어요.

"360만 원이요."
"네? 얼마요?"
"360만 원이요."
"360만 원 중도상환이요?"
"네."

흔히 있는 일은 아닌지 젊은 은행원은 살짝 당황하다가 바로 처리해줬어요. 처리 후 대출 잔액과 원리금이 얼마나 줄었는지 알려줬어요. 360만 원을 상환하자 대출금이 1억 6천만 원에서 1억 5,640만 원이 되었어요. 뒷자리 6천만 원이 5천만 원으로 바뀌니까 대출금이 엄청 줄어든 것 같았지요. 뿌듯하기도 하고 너무 기뻤어요. 그렇게 해서 1차 대출금 상환 목표는 뒤의 6천만 원을 떼고 1억 원만 남겨두는 것이었어요.

점심식사 후 커피 안 마시고 모은 커피값, 도시락을 싸 들고 다니며 모은 점심값, 돼지저금통에 모은 동전, 신랑이 대출 갚지 말고 개인적으로 쓰라며 준 용돈 등을 차곡차곡 모았어요. 중도상환이라고 하기에는 작은 금액이었지만 전혀 창피하지 않았어요. 푼돈이 모이면 모이는 대로 10원 단위로 다 상환에 썼어요. 중도상환하러 은행에 가는 길에는 늘 콧노래가 절로 나왔지요.

그렇게 여러 날 은행을 오가다 보니 은행원과도 친해졌어요. 은행원이 자기 휴가날은 미리 알려주기도 했어요. 알고 보니 그 젊은 은행원도 저와 마찬가지로 신혼이었는데, 집에 가서 아내에게 제 이야기를 많이 했다고 해요. 저처럼 주택담보대출금을 갚는 사람은 처음이라고요.

대출금 상환 흐름을 좀 더 잘 정리하고 이해하기 위해 따로 엑셀표를 만들어 내역을 정리했어요. 상환일, 상환금액, 상환액 출처, 상환 전 대출액, 상환 후 대출액, 상환 전 원리금, 상환 후 원리금 등을 꼼꼼히 기입했어요. 이걸 중간중간 신랑에게 보여줬는데, 처음엔 반신반의하던 신랑도 눈에 띄게 대출금이 줄어들자 저를 신뢰하게 되었어요. 이후 우리집 재테크는 제 담당이 되었고 신랑도 믿고 응원해주기 시작했습니다.

대출액과 상환 원리금이 줄어드는 게 보이자 동기부여가 더 잘 되더라고요. 이자가 줄어든 만큼 돈을 다시 모아서 대출금을 일부 상환했어요. 말 그대로 선순환이었어요. 그러자 욕심이 생겼어요. '좀 더 크게 갚으면 이자가 더 많이 줄어들지 않을까?' 하는 생각이 들었어요.

퇴직금 제도가 달라져서 지금은 불가능하지만 그때는 퇴직금도 중간정산이 가능했어요. 이전에도 중간정산을 받았던 터라 금액은 크지 않았지만 그래도 1천만 원 조금 넘었던 것으로 기억해요. 1천만 원이 넘는 금액을 중도상환하기는 처음이었어요. 은행원도 놀라며 "이번에는 금액이 크시네요!"라고 말했어요. 큰돈을 갚으니 대출 원리금과 상환액이 눈에 띄게 줄어들었어요. 신이 났어요.

참! 이 시기에 당연히 재테크 카페에도 가입했어요. 재테크 카페 회원들은 참 대단하더라고요. 하루 1만 원 살기도 대단한데 1주일에 1만 원 살기에 도전하는 회원이 있더라고요. 적금 풍차 돌리는 방법도 배워서 적금에도 가입했어요. 당장 실천하지 않더라도 다른 짠돌이, 짠순이 회원의 노하우를 배우며 '나도 할 수 있어!'라고 여러 번 다짐했어요. 그런데 불행히도 저는 이런 극단적인 절약 방법이 잘 맞지 않았어요. 돈을 아예 안 쓰니 스트레스가 늘어서 그냥 어느 정도 쓸 건 쓰면서 모아야겠더라고요. 어떤 방법이든 정답은 없어요. 자기에게 맞는 걸 선택해서 하면 됩니다.

안타깝게도 신랑의 사업은 결혼 후 5~6년간 계속 힘들었어요. 그래도 끈기 있게 조금씩 대출을 갚았고, 2007년 10월에 중도상환을 시작해 2017년 4월에는 1,500만 원만을 남겨두게 됩니다. 만 10년간 1억 4,500만 원을 상환한 것입니다. 누군가에게는 그저 1년 연봉일 뿐인데 우리 부부에겐 10년의 시간이 소요되는 큰돈이었습니다.

1억 원 이상의 대출을 갚았지만 역으로 대출 없이 그냥 1억 원을 모으라고 했으면 못 모았을 것 같아요. 대출이라는 강제성이 돈을 모을 수 있게 도움을 준 것이지요. 신랑의 수입이 많이 줄어서 첫애 돌반지도 다 팔아야 했지만, 그런 상황에서도 대출금은 꾸역 꾸역 어떻게든 상환했어요. 그러다가 운명처럼 기회가 왔어요.

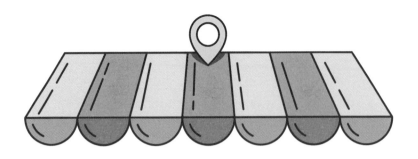

배움에서
활로를 찾다

2017년 5월, 친한 직장동료와 둘이 네이버 밴드로 독서모임을 만들었어요. 둘 다 책 읽기를 좋아해서 좋은 책은 서로 빌려주고 내용도 공유하자는 취지였어요. 그러다가 어느 날 이 친구가 제게 책 한 권을 툭 빌려줬어요. 이지영 저자의 『엄마의 첫 부동산 공부』라는 책이었어요. 이 책은 저를 처음으로 부동산 투자에 입문하게 해준 운명과 같은 책이에요. 이 책을 읽기 전에는 부동산 투자에 대해 전혀 몰랐어요. 제 소원은 그저 주택담보대출금을 하루 빨리 0원으로 만들고 은행에 차곡차곡 저금 좀 해보는 게 다였으니까요.

그런데 이 책을 읽고 '갭투자'라는 것을 처음 알게 됩니다. 갭투자란 부동산의 매매가와 전세금 간의 차액이 적은 집을 전세를 끼고 매입하는 투자 방식을 뜻해요. 갭투자는 워킹맘이라는 저의 상황과도 잘 맞아떨어졌어요. 직장인이라 대출이 잘 나올 때였거든요.『엄마의 첫 부동산 공부』에는 직장인에게는 주식 투자보다 부동산 투자가 훨씬 적합하다는 이야기가 나와요. 주식은 장이 열리면 실시간으로 계속 들여다봐야 해서 업무로 바쁜 직장인과는 잘 맞지 않다는 거예요. 반면 부동산은 일단 잘 골라서 사두면 걱정 없이 일할 수 있어요. 전 이 말이 너무 와 닿았어요. 공부만 하면 저도 당장 할 수 있을 것만 같았어요. 그래서 이 책을 시작으로 수십 권의 부동산 책을 읽기 시작합니다.

이 책을 권해준 직장동료는 부모님이 부동산 투자자였어요. 그래서 이런 책에 익숙했다고 해요. 전 부동산 책은 관심도 없었고 읽어볼 생각도 해본 적이 없었어요. 그때부터 뒤늦게 직장동료와 함께 닥치는 대로 부동산 책을 파고들었고, 둘이 꼭 올해 안에 부동산 투자를 시작해보자고 웃으며 약속하기에 이릅니다.

운명이었던 건지 그 시기에 회사가 인수합병을 추진한다는 소식이 들려왔어요. 제가 다니는 회사는 외국계 금융사였는데 국내 금융사와 인수합병을 추진했어요. 그 과정에서 직원들에게 위로금 조로 약간의 금액이 지급되었는데, 저는 이 돈을 가지고 부동산 투자를 해야겠다고 마음먹었어요. 물론 부동산 투자를 하기에는 터무니없이 작은 돈이었지만 그냥 갑자기 주어진 이 돈이 신의 계시

같았어요. 신랑에게 제 계획을 말하고 열심히 매수할 아파트를 고르기 시작했습니다.

⚲ 분당 아파트를 갭투자하다

당시 저는 강남 아파트를 사고 싶었어요. 책에 그렇게 나오거든요. 남들이 좋다고 하는 비싼 아파트가 많이 오른다고요. 또 강남과 가까워야 가치가 높다고요. 돈도 없으면서 눈만 높았던 셈이지요. 그러다가 눈을 돌려 가까운 분당 아파트를 보게 됩니다. 제가 알기로는 분당의 입지가 나쁘지 않은데 강남에 비해 생각보다 가격이 낮았어요. 그래서 책 부록에 나온 분당 아파트명을 보고 샅샅이 검색했고, 그중 마음에 드는 한 곳을 찾게 됩니다. 마침 직장동료 중 한 명이 분당에 살고 있어서 그 아파트에 대해 물으니, 본인이 바로 그 아파트에 살고 있다는 거예요! 그런데 지금 가격이 너무 올랐다며 연말쯤 사는 걸 고려해보라고 하더라고요. 그때가 2017년 5월이었는데 만일 연말까지 기다렸다면 저는 못 샀을 거예요. 연말에만 1억 원 이상 올랐거든요.

분당 아파트를 사기 위해 직접 가보니 매물이 딱 1개밖에 없었어요. 그것도 그 아파트에서 제일 못난이 저층 아파트였어요. 더 최악은 매물이 그거밖에 없다는 이유로 로얄층 가격에 가까웠다는 거예요. 밖에서도 집 안이 훤히 들여다보였어요. 첫 실거주 아파트도 그렇고 이번에 투자하게 된 아파트도 그렇고 전 못난이 아파트와 참 인연이 깊었어요. 우스갯소리로 배우자가 저더러 못난이 매물 전문가라고 불렀어요.

돈은 어디서 났냐고요? 대출금 1,500만 원만 남겨둔 실거주 아파트를 담보로 다시 대출을 받았어요. 그리고 그 돈으로 분당 아파트를 갭투자했어요. 잔금을 6월에 치렀는데 8월에 그 유명한 2017년 8·2 대책이 나와요. 이게 제 첫 부동산 투자였어요. 그다음은 뭐, 알다시피 8·2 대책 후 전국에 폭등장이 시작됩니다. 시기를 너무 잘 만났고 실행이 빨랐던 게 진짜 다행이었어요.

아래는 제가 읽었던 많은 책 중 첫 투자를 실행하는 데 많은 도움을 준 책들이에요. 지금도 가끔 책장에서 꺼내서 다시 읽곤 합니다. 저에겐 언제 봐도 좋은 고전과 같은 책들이에요.

1. 『엄마의 첫 부동산 공부』(이지영 지음, 다산3.0)

저를 부동산 투자의 세계로 안내해준 운명과 같은 첫 책이에요. 쉽고 재미있게 쓰여 있어요. 지금도 가끔 초심을 생각하며 꺼내서 보곤 해요. 메모와 포스트잇이 잔뜩 붙어 있어 볼 때마다 감회가 새롭습니다.

2. 『나는 부동산으로 아이 학비 번다』(이주현(월천대사) 지음, 알키)

분당 아파트를 이 책을 보고 샀어요. 집값은 학군 위주로 오른다는 당시에는 신선한 내용이었어요. 엄마로서 공감도 많이 갔고요. 책 뒤에 부록으로 학군지별 아파트명이 나와요. 제 첫 투자는 바로 이 부록을 참고했어요.

3. 『나는 마트 대신 부동산에 간다』(김유라 지음, 한국경제신문사)

종잣돈을 모을 때는 어떻게 해야 하는지 확실히 보여주는 책이에요. 제가 맞벌이가 아닌 외벌이 가정주부라면 이렇게 해서라도 돈을 모았을 것 같아요. 아이 셋 외벌이 엄마가 밤낮으로 부동산 책을 보며 극도로 아껴서 부동산에 투자하는 내용이에요. 저자는 종잣돈 3천만 원으로 6년 만에 아파트 15채를 보유하게 되었다고 해요. 전 죽었다 깨어나도 못 따라 하고요. 마음이 해이해지고 정신 차려야지 할 때 읽으면 좋아요.

4. 『나는 부동산과 맞벌이 한다』(너바나 지음, 알키)

평범한 월급쟁이가 부동산에 투자하는 이야기예요. 물론 저자는 지금은 평범하지 않고 유명해요. 저도 월급쟁이 입장이어서 많은 도움을 받았어요. 회사에 대부분의 시간을 메여 사는 직장인이 읽기 좋은 책이에요.

5. 『앞으로 5년, 부동산 상승장은 계속된다』(오윤섭 지음, 원앤원북스)

대단하신 분이에요. 2017년에 이 책을 사서 읽었는데 그때 읽은 게 진짜 행운이었어요. 지금 와서 보니 대단한 인사이트예요. 정말로 이때부터 5년간 상승 중이네요. 해마다 다시 꺼내 보는데 소름 끼칠 정도로 잘 맞았어요. 당시 이 책을 읽고 바로 집을 사야겠다고 마음먹었지요. 이 책도 해마다 꺼내서 보는데 볼 때마다 형광펜으로 밑줄을 쳐요.

첫 부동산 투자를 돌아보면 여러모로 운이 좋았다고 생각해요. 그런데 운도 여건이 되어야 따라와요. 만약 대출 상환이라는 강제 저축을 하지 않았더라면 온 기회를 잡지 못했을 거예요. 종잣돈이 충분했더라도 부동산 투자에 관한 지식이 전무했다면 아무것도 하지 못했을 거예요. 제일 중요한 것은 책을 읽고 용기를 내서 실행했고, 그 과정을 삶의 동반자인 배우자가 믿고 지지해줬다는 거예요.

초심자의 행운이었을까요. 첫 갭투자는 성공적이었어요. 5월에 산 분당 아파트는 그해 연말에 1억 원이 올라요. 지금이야 부동산 상승장이 오래되다 보니 1억 원 상승이라고 해도 그리 놀랍지 않지만 당시에는 정말 놀라웠어요. 더군다나 1억 4,500만 원의 대출을 10년 동안 갚은 다음이라 더 크게 느껴졌어요. 그런데 단 몇 개월 만에 1억 원이 오르다니, 믿겨지지 않았어요.

이 투자용 못난이 매물을 저는 딱 2년간 보유한 후에 매도합니다. 첫 투자라 수익 실현을 너무 느끼고 싶었고, 통장에 돈이 들어오기 전까지는 그 큰돈을 믿을 수가 없었거든요. 부동산은 장기투자 상품이라는 걸 간과했어요. 당시 저에게는 2년도 길었어요. 제가 세운 2년이라는 기준은 그때는 2년만 보유하면 일시적 1가구 2주택으로 양도세 비과세 혜택이 가능했기 때문이에요.

재미있게도 이 집의 구매자는 과거에 그 집에 5년 넘게 살던 세입자였어요. 세입자는 사는 내내 집값이 너무 올라 비싸다고 생각했대요. 그곳을 너무 잘 알아서 오르는 가격이 받아들여지지 않던 거예요. 사실 집값의 대부분을 이미 살고 있던 세입자가 전세금으로 내고 있는 상황이었지만, 그럼에도 선뜻 사기가 두려웠다고 하더라고요.

당시 그 아파트를 통틀어 해당 평수의 매물이 제 물건 하나여서 저는 급할 게 없었어요. 매도가 안 될 때마다 굴하지 않고 호가를 1천만 원씩 올렸습니다. 결국 불안했던 과거의 세입자가 그 집을 샀어요. 계약 당시 매수인이 된 세입자가 이렇게 말하더라고요. 이 집에 이렇게 오래 살면서 여력이 되는데 왜 살 생각을 하지 못했는지 모르겠다고요. 직장도 가깝고 교육환경도 좋아서 전세지만 실거주를 꽤 오래하고 있었는데, 정작 그 집은 놔두고 다른 아파트에 투자했다고 하더라고요.

그 뒤로 어떻게 되었느냐고요? 제가 손에 쥔 수익보다 그 아파트는 그다음 해에 더 크게 오르게 됩니다. 제 수익의 2배만큼 1년 만에 올랐어요. 못난이 매물을 로얄층 가격에 팔았음에도 전 속이 쓰렸고 그 세입자는 만세를 불렀을 거예요. 그래도 다행이다 싶어요. 다른 사람이 아닌 그 집의 가치를 잘 아는 착한 세입자 분에게 그 혜택이 돌아가서요.

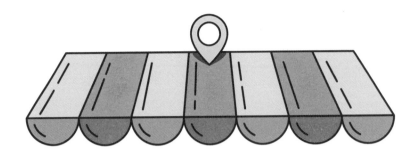

실거주용 집과
투자용 집

저는 실거주용 집과 투자용 집을 되도록 분리했어요. 부동산 투자로 자산을 늘리려면 이사를 많이 다녀야 한다는데, 저는 초등학교에 입학한 아이 둘에게 그러한 부담을 안기고 싶지 않았어요. 그래서 계속 같은 집에 전세로 눌러살며 따로 투자를 했어요. 그런데 처음 투자한 분당 아파트를 비과세로 매도하려면 실거주하고 있던 인천의 신혼집을 먼저 매도해야 했어요. 여기서 아들 둘을 낳으며 10년 넘게 살면서 집에 정이 참 많이 들었는데 아쉬웠어요. 아이들도 학교에 입학해서 안정적으로 생활하고 있었고 손에 익은 물건도 많았어요.

월 500 임대료 받는 엄마의 상가 투자 시크릿

투자용 아파트는 많이 오른 반면, 실거주하고 있던 곳은 구축 아파트라 집값이 별로 오르지 않았어요. 실거주용 집은 31평이었는데 당시 매물로 나온 31평 물건은 우리집 하나뿐이었어요. 희소성 때문인지 최고의 못난이 매물인 우리집을 당시 신고가로 매도할 수 있었지요. 그것도 내놓자마자 1주일 만에 나갔어요. 실거주 만족도가 높아서 우리 가족이 계속 전세를 사는 조건으로 매도했는데, 마침 매수인이 갭투자자여서 서로에게 윈윈인 계약이었어요.

인천 못난이 실거주 아파트를 매도한 후 분당 못난이 투자용 아파트를 순차적으로 매도해 마침내 비과세로 수익을 실현했어요. 믿을 수 없었어요. 너무 큰돈이었거든요. 만약 이때 부동산 투자를 끝냈다면 어땠을까요? 아찔해요. 2019년 말이었기 때문에 상승장은 계속되고 있었거든요. 사실 본격적인 상승장은 그때가 시작이었어요.

내심 실거주하던 못난이 집을 판 게 영 마음에 걸렸어요. '전세 살고 있는 아파트의 값이 오르면 어쩌지?' 하는 불안한 마음이 들었거든요. 그래서 부동산에 전화했어요. 마침 같은 아파트 로얄동, 로얄층 매물이 급매로 나왔더라고요. 제가 판 못난이 물건과 같은 가격이었어요. 따로 물건을 보지도 않고 회사에서 가계약금을 보냈어요. 어차피 살고 있던 아파트라 누수 등의 문제만 없다면 구조나 특색은 다 알고 있었으니까요. 당시에는 인천이 비규제 지역이라 2년만 보유하면 일반과세였어요. 다주택 중과도 피할 수 있었고요.

전 이미 모두 팔고 다시 1주택자가 된 것이니 2년만 보유하면 비과세가 가능했어요.

그렇게 따로 이사를 가지 않고 같은 아파트 로얄동, 로얄층 물건을 살 수 있었어요. 혹시 모를 집값 상승에 대한 리스크에 대비한 건데 훗날 그 선택이 적중했어요. 본격적인 폭등장이 시작되며 인천조차도 집값이 거의 2배가 올랐기 때문입니다. 만일 분당 아파트 비과세 혜택 때문에 인천 실거주 집을 팔고 그대로 전세로만 있었더라면 어찌 되었을까요? 참 아찔해요.

겪어 보니 부동산으로 번 돈은 다시 부동산으로 가게 되더라고요. 국내에서 이보다 안전한 자산이 마땅히 없어요. 땅을 깔고 있고, 등기증이 나오니까요. 혹시나 값이 떨어져도 집이 어디 가는 것도 아니니 버티면 되고요. 실거주하다가 이도 저도 안 되면 자녀에게 증여해도 괜찮고요. 결국 분당 아파트를 매도하고 생긴 돈으로 다시 다른 아파트를 갭투자로 사게 됩니다.

📍 친구 따라
강남 간다

저에게 처음 부동산 책을 소개해준 직장동료 기억하시나요? 이 친구는 어떻게 되었을까요? 그 당시 저는 분당 아파트를 사고 나니 갑자기 책 읽는 속도가 더뎌졌어요. 일단 목표를 달성했으니 쉬엄쉬엄 읽게 되더라고요. 아파트 매수가 너무 빨리 진행되어서 이 친구에게는 말도 못 하고 계약까지 일사천리로 끝났어요. 제 독서가 지지부진하자 동료가 왜 그런지 묻길래 사실대로 말해줬어요.

제 매수 얘기를 들은 친구는 부랴부랴 저를 따라 분당 아파트를 검색해 매수하러 갑니다. 몰랐는데 이 친구는 신혼 초에 분당에 잠깐 전세로 산 적이 있었대요. 저보다 그곳에 대한 정보가 훨씬 많았던 겁니다. 분당에 살면서 눈여겨봤던 소형 아파트를 검색한 후 공인중개사와 약속을 잡고 출발해요. 추진력이 참 대단했어요.

엘리베이터 없는 5층 아파트의 5층 물건이었는데, 1천만 원 정도를 깎으려고 갔는데 깎기는커녕 되레 매도자가 그 자리에서 1천만 원을 올리더래요. 반차까지 내고 힘들게 갔는데 기분이 진짜 나빴대요. 심지어 매도자 본인이 전세로 사는 조건을 걸었다고 하더라고요. 다행히 이 친구는 협상하는 자리에 부동산 투자에 잔뼈가 굵은 어머니와 함께 갔어요. 어머니는 1천만 원을 올려도 좋으니 진행하라고 했고, 친구는 조금 찜찜하지만 계약금을 내고 왔대요. 일이 얼마나 빨리 진행되었는지 제 매수 이야기를 듣고 두 달 만에 잔금을 치르더라고요. 그 결과 다행히 2017년 8·2 대책 전에 매수를 마무리하게 됩니다.

이후에는 알다시피 전국의 부동산이 급등했고, 그 매도인은 전세로 사는 기간 내내 집값이 오르는 게 약 올랐는지 누수가 발생했다며 제 친구를 귀찮게 했다고 하네요. 이 친구는 이 아파트를 아직도 갖고 있고 2022년 초를 기준으로 실거래가는 매수가의 2배를 훌쩍 넘었습니다.

📍 다시 갭투자용
아파트를 물색하다

분당 아파트를 매도하고 나니 분당 지역은 이제 8·2 대책으로 실거주를 해야 비과세가 가능해졌어요. 저는 새로운 투자처를 찾기 위해 아직 보유만으로도 일시적 1가구 2주택 양도세 비과세가 가능한 비규제 지역을 물색합니다. 그러다 부천이 눈에 들어왔어요. 부천은 평소 잘 보지 않던 동네인데 우연히 어떤 분의 글 하나로 가보게 된 곳이에요. '호갱노노'라는 부동산 애플리케이션을 통해 본 글인데, 각 아파트별로 실거주민과 투자자 등이 해당 아파트에 대한 이야기를 푸는 공간이 있어 유용하고 재미있어요. 참고로 이 애플리케이션으로 국토교통부 아파트 실거래가와 시세를 지도에서 확인 가능해요. 또 실시간으로 어느 아파트를 몇 명이나 보고 있는지 알 수 있어 대략적인 인기도를 알 수 있어요.

호갱노노에 올라온 글을 읽다가 우연히 부천의 한 아파트를 발견하게 되는데요. 가끔 호갱노노에서는 재미있는 설전이 벌어져요.

본인이 살거나 투자하는 아파트를 옹호하거나 자신의 아파트를 비방하는 내용에 대해 반박하는 글이 쏟아져요. 그러다 우연히 이런 글을 발견합니다.

'여기보다 훨씬 많이 오른 곳이 있다. 부천의 ○○아파트다. 여긴 2년 동안 ○○% 올랐다.'

사실 인천이 있는 서쪽 지역은 당시 부동산 상승장의 바람이 늦게 불어서 다른 곳보다 덜 오를 때였어요. 그런데 같은 서쪽인데 부천의 모 아파트가 서울 못지않게 폭등했다는 글을 보게 된 거예요. '그럴 리가?' 하는 마음으로 그분이 써놓은 아파트를 검색해보니 진짜 그렇더라고요. 부천에서도 특히 많이 오른 곳이었어요. 투자하면서 느끼는 거지만 슬프게도 부동산은 오르는 곳이 더 오르는 경향이 있어요.

마침 비규제 지역 투자처를 찾던 저에게 좋은 정보였어요. 네이버 부동산으로 검색해보니 제가 가진 돈에 맞는 아파트가 전세를 끼고 나와 있더라고요. 해당 매물을 올린 공인중개사무소에 전화해서 약속을 잡았어요. 아침부터 서둘러 아이들을 등교시키고 약속시간보다 30분 일찍 지하철을 타고 그곳에 갔습니다

30분 일찍 나온 이유는 공인중개사를 만나기 전에 먼저 동네를 둘러보고 싶었기 때문이에요. 혹시 몰라 다른 공인중개사무소에도

가봤어요. 네이버 부동산에 올라오지 않은 다른 매물이 있을까 해서요. 역시나 올라오지 않은 매물이 있었지만 전세가가 낮아서 갭이 컸어요. 물건을 둘러보니 지하철역과도 가깝고 초등학교도 지근거리에 있었어요. '혹시 내가 모르는 단점이 있지는 않을까?' 싶어서 지나가는 주민에게 물어봐요. 여기 이사 올까 고민 중인데 이 동네는 처음이라고 솔직하게 털어놓자 조용해서 살기 좋고 서울 나가기도 편하다는 답변이 돌아와요. 그리고 이 근처에 나중에 지하철이 개통될 예정이라는 정보도 입수하게 됩니다.

여러모로 장점이 많은 물건이어서 과감히 매수를 결심했어요. 역시 또 저층 못난이 매물만 있더라고요. 로얄층 매물도 있긴 했는데 매매가와 전세가의 차이가 커서 제가 가진 자금으로는 한참 부족했어요. 운이 좋았는지 매도인은 일시적 1가구 2주택으로 양도세 비과세 혜택을 위해 그 집을 팔아야만 했어요. 아직 매도 기간이 1년 정도 남아서 급한 건 아니더라고요. 그런데 매도인이 타지에 살고 있었고, 이 물건을 하필 그 타지에 있는 공인중개사무소에 내놓은 거예요. 그 공인중개사는 이 아파트 시세나 주위 개발에 대한 정보가 너무 없었어요. 제가 사겠다고 하니 매수인이 생각해보겠대요. 그러더니 공인중개사가 넌지시 매도인이 매도가를 3천만 원 올릴 것 같다고 이야기하더라고요. 전 정말 등골에 땀이 쫙 흘렀어요.

사실 어느 정도는 각오했던 일이었어요. 저층이긴 하지만 다른 매물에 비해서 저렴했고 무엇보다 전세가가 높아서 갭이 작은

월 500 임대료 받는 엄마의 상가 투자 시크릿

게 제일 큰 매력이었어요. 다른 매물은 갭이 이 물건보다 1억 원 이상 높아서 살 수가 없었어요. 제가 무조건 아쉬운 입장이었지요. 여러 차례 고민하다가 값을 올리면 거래를 안 하겠다고 말했어요. 매도인과 공인중개사가 타지에 살아서 정보가 저보다 부족할 것 같아 괜히 배짱을 부렸어요.

저는 이렇게 말했어요. "가보니 다른 곳도 이 정도 매물은 있는데 굳이 가격을 올리시겠다면 다른 집도 보고 오겠다."라고 했어요. 공인중개사는 해당 물건이 전세가가 높아 갭이 저렴하다는 중요한 사실을 놓쳤어요. 다른 지역에서 공인중개사무소를 운영하다 보니 이 지역 전세가 시세에 어두웠던 것입니다. 결국 공인중개사가 매도인을 설득해서 원래 가격에 살 수 있었어요. 저는 그날 바로 계약금을 쐈어요. 집주인의 계좌번호를 받기까지 마음이 참 두근두근했네요.

그다음 날 저에게 공인중개사무소에서 전화가 와요. 여기 무슨 호재가 있냐고 묻더라고요. "왜요?" 하고 물으니 뒤늦게 이 물건 팔린 거냐고 전화가 많이 왔대요. 공인중개사도 집주인도 팔고 나서 전화가 계속 오니까 찜찜했던 거예요. 지금 와서 말하지만 사실 그때 매도인이 1천만~2천만 원을 더 올렸어도 전 그냥 샀을 거예요. 조건이 좋았거든요.

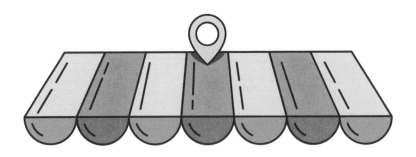

나에게 이런 일이?
희망퇴직하다

어느 날 저에게 청천벽력 같은 일이 일어납니다. 다니던 회사가 희망퇴직을 실시하게 된 것입니다. 국내 금융사와의 인수합병이 어느 정도 마무리 단계에 접어들자 인력 긴축에 들어간 것이지요. 배우자의 소득이 불안정했기에 아무리 힘들어도 정년까지 일하겠노라고 늘 다짐했었는데 마음이 참 아팠어요. 또 저 개인적으로도 회사에 다니는 걸 무척 좋아하기도 했고요. 육아와 일을 병행하는 게힘들었지만 보람도 있었고 일도 적성에 잘 맞았거든요. 그래서 가능한 한 회사를 오래 다니고 싶었어요. 1년여의 육아휴직 동안에도 반드시 복직해서 직장에 다니겠노라고 다짐하곤 했어요. 이건 엄마

월 500 임대료 받는 엄마의 상가 투자 시크릿

들이라면 공감할 수 있을 거예요. 어떤 부분에서는 육아보다 회사 일이 더 편하다는 것을요.

저는 특히 업무가 과중하지 않은 편이었고, 아이들을 시댁에서 봐주고 계셔서 심적으로 편하게 회사에 다닐 수 있었어요. 인천 집에서 회사가 위치한 강남까지 출퇴근하는 게 보통 일은 아니었지만 저는 이 시간도 무척 좋았어요. 마음 편히 책을 읽을 수 있었기 때문입니다. 집에서는 시끄럽고 손 많이 가는 아이들과 밀린 집안일로 책 볼 시간이 없었거든요. 출퇴근 시간에 책을 읽느라 내려야 할 곳을 몇 번이나 지나쳤는지 모르겠어요. 회사에서 필요로 하는 자격증도 지하철에서 공부해서 땄고, 부동산 투자 관련 책도 거의 다 지하철에서 읽었어요.

희망퇴직을 실시할 당시 9살, 7살 두 아들을 가까이 사시는 시어머님께서 봐주고 계셨어요. 그런데 시어머님 건강에 문제가 생겼어요. 목디스크로 수술을 받게 되셔서 더 이상 아이들을 맡길 수 없었어요. 희망퇴직 조건이 나쁘지 않았고, 어머님 수술도 어떻게 될지 몰라서 수많은 고민 끝에 퇴사를 결심했어요. 퇴사 서류를 내고서는 얼마나 후회가 되던지. 회사에 남는 이들이 많이 부러웠어요. 갑자기 맞벌이에서 외벌이가 된 배우자의 어깨도 더욱 무거워졌을 거예요.

처음에 한 달이면 끝난다던 어머님의 수술은 재수술을 거쳐 퇴원까지 거의 1년 정도가 걸렸어요. 중간에 잠깐 퇴원하셨을 때도 본인 몸 가누기도 힘든 상황이라 아이들을 맡길 수 없었어요. 설상 가상 퇴원하실 때쯤엔 코로나19가 터졌어요(코로나19 발생 전에 수술을 받으셔서 정말 다행이에요).

아이들이 등교하지 않고 온라인 수업을 받게 되면서 한동안 집은 전쟁터가 되고 맙니다. 소위 '돌밥(돌아서면 밥)'의 연속이었어요. 아침을 챙기면 점심을 준비하고, 점심을 챙기면 저녁을 준비하는 삶이 반복되었지요. 학교에 가지 않는 아이들도, 엄마인 저도 코로나19로 일상이 엉망진창이 되었어요.

만일 희망퇴직을 받아들이지 않았더라면 저희 가족은 어떻게 되었을까요? 상상만 해도 끔찍해요. 저의 퇴사로 시어머님도 온전히 본인 건강만 신경 쓰실 수 있었고, 온라인 수업을 듣는 아이들도 잘 돌볼 수 있었으니까요. 또 이때부터 저는 본격적으로 투자자의 길을 걷게 됩니다. 딱히 '투자자가 되어야지!' 했던 건 아닌데 직장에 다니지 않으니 저절로 투자에 집중하게 되더라고요. 회사에 다니느라 임장도 주말에만 가야 했고, 물건을 보러 가려고 해도 일과 육아에 지쳐서 차일피일 미루기만 했거든요. 희망퇴직으로 이제는 아무 때나 마음껏 다닐 수 있게 된 거예요. 주중에도 좋은 물건이 보이면 훌쩍 다녀올 수 있고, 시장 분위기도 실시간으로 파악할 수 있었어요. 남는 시간에 이것저것 검색하던 저는 시장에 이상한 분위기가 감도는 것을 감지하고 과감히 세 번째 아파트를 매수하게 됩니다.

월 500 임대료 받는 엄마의 상가 투자 시크릿

과감히 세 번째 아파트를 매수하다

　많은 분이 공감하겠지만 아파트를 사고 나면 매일 시세를 검색하게 된다고 하잖아요. 저도 예외는 아니었어요. 제가 산 아파트가 올랐나, 떨어졌나 매일 매시간 궁금해요. 말로는 장기투자니까 괜찮다, 실거주니까 괜찮다 하지만 그래도 매일 들여다보게 되고 당장 안 팔아도 오르면 기분이 좋아져요. 그렇게 제가 실거주하고 있던 인천 아파트의 시세를 틈틈이 검색하고 있었어요. 그러던 어느 날 매물이 빠르게 사라지는 걸 발견해요. 정확히 기억해요. 2019년 겨울이었는데 제가 살고 있는 아파트의 매물이 하루에도 몇 개씩 매도되는 거예요.

　궁금증을 풀기 위해 집 근처 공인중개사무소를 찾아갔어요. 공인중개사가 통화 중이어서 잠시 앉아서 기다리는데 전화가 계속 오더라고요. 통화가 다 끝난 후에 왜 매물이 갑자기 사라지는지 물었어요. 글쎄, 지난주에 한 분이 와서 작은 평형 매물 4개를 한 번에 샀대요. 다른 곳보다 덜 올랐다면서요. 아마도 법인 투자자와 같은 전문 투자자였던 것 같아요. 기분이 이상해서 저도 작은 평형 매물을 하나 보여달라고 했어요. 물건을 보는데 매도자가 갑자기 값을 올리더라고요. 저는 굳이 값을 올려 살 가치가 없어 보여서 사지 않았어요(이후 그 집은 값이 2배까지 올랐어요).

공인중개사는 31평 저층 급매물이 있다며 다른 물건을 보여줬어요(또 저층이에요. 진짜 전 못난이 전문인가 봐요). 집주인이 사망하면서 상속인들이 급매로 내놓은 물건이었어요. 상속인이 4명이어서 빨리 팔고 재산을 분할할 계획이라 하더라고요. 문제는 살고 있는 세입자가 집주인 몰래 송아지만 한 개를 아파트 안에서 키우고 있었어요. 그것도 놀랄 일인데 매수 희망자에게 집을 보여주고 싶지 않다며 고집을 부린다 하더라고요. 결국 상속인들이 세입자를 달래서 보증금을 미리 줄 테니 매수 희망자에게 집 좀 보여달라고 사정을 하고 있는 꼴이었어요. 그렇게 운 좋게 그 집을 볼 수 있었고, 집 안에 개털이 가득해서 사야 하나 말아야 하나 고민이 되더라고요. 그런데 마침 배우자에게 운명처럼 전화가 와요. 오늘 중요한 약속이 있는데 집에 핸드폰을 두고 나왔다며 핸드폰을 챙기러 잠깐 온다는 거예요. 혼자 결정을 못 하고 있던 참이라 다행이었어요. 배우자와 함께 그 집을 한 번 더 보러 갔고, 남편은 나중에 우리가 수리해서 살아도 되고 저렴하게 나온 매물이니 잡으라고 하더라고요.

그 집을 살 돈이 부족해서 일단은 전세를 들여야 했어요. 그래서 잔금일을 계약한 후 3개월 정도 뒤로 늦춰달라 요청했고, 그사이 인테리어도 하고 싶다고 요청했어요. 새로운 세입자를 들여야 잔금을 치를 수 있으니 인테리어 시공이 시급했어요. 다행히 매도인 측에서 수락했고 무사히 잔금을 치를 수 있었어요. 전세입자를 들여야 했기에 깔끔하게 수리해야 했어요. 도배, 장판을 다시 하고 화장실, 싱크대를 교체하니 집이 너무 환하고 예뻐졌어요. 다행히 새시는 되어 있는 집이어서 큰 무리 없이 인테리어 시공을 마칠 수 있었어요.

세입자도 가려 받아야 한다

깨끗하게 집을 고치고 내놓으니 공인중개사에게 전화가 와요. 세입자가 집을 보러 왔는데 신발장도 교체해줄 수 있는지, 장판은 마루를 들어내고 깐 건지 그냥 깐 건지 묻더래요. 제가 말했어요. 그 세입자 안 받겠다고요. 저는 잠깐 살고 나갈 세입자에게 모든 것을 맞춰줄 생각이 없었어요. 들어올 때부터 깐깐하게 구는 세입자는 사는 내내 피곤하게 굴어요. 이건 추후 상가 임차인을 맞출 때도 적용되는 법칙이에요.

결국 깨끗하게 수리한 이 집에 바라던 대로 착하고 젊은 신혼부부가 들어와요. 신혼부부는 집을 보자마자 너무 깨끗하고 좋다며 굉장히 마음에 들어 했어요. 혹시 하자가 있을 수 있어 인테리어업자의 연락처를 알려드리고 이상이 있으면 연락하라고 안내했어요. 인테리어업자에게도 세입자에게 그리 말해뒀다고 했고요. 그런데 잔금을 치를 때 작은 문제가 발생해요. 잔금일을 계약일로부터 3개월 뒤로 좀 길게 잡아뒀는데 그사이 집값이 많이 올라버린 거예요. 매도인이 화가 났어요. 안 그래도 세입자가 집을 안 보여줘서 저렴하게 나온 그 집을 제가 500만 원이나 더 깎아서 샀는데 집값이 많이 올랐으니까요. 공인중개사와 저를 쳐다보지도 않았어요. 공인중개사는 매도인 눈치 보기 바빴고요. 말 한마디 오가지 않는 싸한 분위기에서 잔금을 치렀어요.

세 번째 집은 저도 있는 돈 없는 돈 다 끌어서 산 거라 현금이 한 푼도 없었어요. 집값이 오르는 건 좋은데 현금이 없으니 불안하기도 했고 약간 짜증도 났어요. 말로만 듣던 하우스푸어가 된 것 같았어요. 그리고 집이 갑자기 3채가 되니 덜컥 겁이 났어요. 아마 저는 큰 부자는 못 될 그릇인가 봐요.

불안한 투자는 하고 싶지 않아서 잔금을 치른 그해에 집을 바로 내놨어요. 그런데 세입자인 신혼부부가 출산을 앞두고 있어서 집을 내놓겠다고 말하기가 미안했어요. 코로나19 시기에 임산부도 있는데 타인에게 집을 보여주기도 좀 그랬고요. 급할 것도 없어서 언젠가는 팔리겠지 싶어 최고가로 매물을 내놓았어요. 집은 보여줄 수 없고 최근에 수리한 뒤에 찍은 사진만 보여주겠다고 했고요.

생각보다 일찍 집을 사겠다는 연락이 왔어요. 공인중개사는 제 물건이 너무 비싸다고 생각해서 네이버 부동산에 올려놓지 않았는데, 마침 갭투자를 희망하는 손님이 있어서 제 물건을 브리핑했다고 하더라고요. 깨끗하게 수리되어 있고, 신혼부부가 전세로 들어와 살고 있다고 하니 매수하겠다고 했대요. 순간 제가 전화를 끊고 좀 더 생각해보겠다고 한 후 1천만 원을 더 인상하겠다고 했어요.

이후 매수인과 다시 협상해 500만 원 올린 가격에 계약이 진행되었어요. 1년이 지난 지금, 그 집값은 어떻게 되었을까요? 지금 그 집은 1년 전보다 2억 원이 올랐어요. 전 500만 원을 더 벌었지만 그 매수인은 2억 원을 번 것입니다. 그때 그 매수인이 제가 가격을 올린다고 해서 기분 나쁘다며 포기했다면 누구 손해였을까요? 물론 이런 일을 겪으면 금액도 금액이지만 기분이 나쁠 수 있어요. 그런데 제가 매도인의 입장도 되어보고, 매수인의 입장도 되어보니 그럴 수 있겠다 싶어요. 상승장에서는 그렇게라도 가격을 협상해 거래하면 다행이에요. 협상이 조금만 틀어지면 아예 매물을 거두는 경우도 허다하니까요.

매수인이 집을 계약했으니 직접 보고 싶다고 했어요. 저는 세입자에게 미안한 마음에 물건을 내놓을 당시에는 집을 보여주지 않는 조건으로 거래했지만, 매수인이 계약을 했으니 당연히 볼 권리가 있다고 생각했어요. 세입자에게 내용을 말하고 새로운 집주인이 집을 보고 싶어 한다고 전했어요. 그런데 세입자가 정색을 하더니 집을 안 보여주겠다고 했어요. 저는 계약을 마쳤으니 그냥 공인중개사에게 일임했어요. 나중에 물으니 의외로 세입자가 계속 완강했다고 해요. 새로운 매수인이 화가 나서 집을 안 보여주면 전세대출 연장 시 집주인 동의를 안 해주겠다고 했대요. 그제야 어쩔 수 없이 집을 보여줬나 보더라고요.

한없이 착하게만 보였던 젊은 세입자 부부가 그랬다고 하니 믿어지지가 않았어요. 뭐가 문제였을까요. 말없이 매도한 게 기분이 나빴을까요. 제가 제 집을 매도한 건데 세입자 동의를 받고 해야 하는 건 아니잖아요. 지금도 왜 그렇게까지 집을 안 보여주려고 했는지 의문이에요.

참고로 저는 그때까지 살면서 인테리어 시공을 두 번 했는데 두 번 다 같은 업자에게 맡겼어요. 부부가 함께 인테리어를 하셨는데 꼼꼼히 작업해주시더라고요. 인테리어 수익은 인건비에서 많이 남는 것 같았어요. 대부분의 작업을 두 분이서 직접 하시더군요. 그분들도 새시나 싱크대 등 다른 전문 영역은 외주 업자를 불렀지만 많은 부분을 직접 처리해주셨어요. 가격도 부풀리지 않았고, 가격 때문에 고민하면 적당한 선에서 다른 방안을 추천해주셨지요. 그래서 지금도 수리가 필요한 집을 매수하면 그분들의 스케줄부터 먼저 확인하곤 합니다.

월 500 임대료 받는 엄마의 상가 투자 시크릿

월급 대신
임대수익에 도전하다

대학을 졸업하고 10년 동안 육아휴직 기간을 제외하고는 직장생활을 한 번도 멈춘 적이 없었어요. 그런 저에게 갑작스러운 희망퇴직은 큰 두려움으로 다가왔어요. 경제적인 부분도 그렇지만 집안에서 가사일만 해야 한다는 게 생각만 해도 막막했어요. 이 시대의 전업주부는 진심으로 위대해요. 겪어보니 알겠더라고요.

퇴사를 하니 무기력감이 찾아왔어요. 노는 것도 놀아본 사람이 잘 논다고 처음 한두 달은 좋았지만 곧 무료하고 지루했어요. 그래서 공인중개사 자격증을 따기로 결심했어요. 딱히 취업을 위해서라기보다는 가사와 육아 외에 뭔가 결과가 나오는 일에 집중하고 싶었어요. 제가 부동산 투자를 하니까 배워두면 도움이 될 것 같기도 했고요. 정년도 없고 학벌도 필요 없는 공인중개사 시험에 왜 많은 주부들이 매달리는지 이제야 이해가 되더라고요. 유일하게 자격증만 따면 취업이 가능한 게 공인중개사 자격증이었어요.

공인중개사 자격증은 매해 10월에 시험이 있어요. 2019년 7월에 이 시험을 알게 된 저는 육아와 공부를 병행해야 하다 보니 1~2차 시험을 따로 보기로 결심해요. 공인중개사 시험은 1차는 부동산학개론, 민법 2개 과목, 2차는 공인중개사법, 공법, 공시법, 세법 4개 과목으로 외워야 할 양이 많았어요. 나이 드신 분들이 이 시험에 턱턱 붙는 게 신기할 따름이에요. 그냥 평범한 자격증 시험이려니 하고 우습게 봤는데 아니었어요. 달달 외워도 이상하게 돌아서면 전혀 생각이 나질 않았어요.

2019년에 저는 운 좋게 턱걸이로 공인중개사 1차 시험에 합격했어요. 시험을 볼 때는 너무 어려워서 떨어진 줄 알았는데, 알고 보니 그해 1차 시험이 무척 쉽게 나온 거라고 해요. 시험을 본 후 관련 카페에서 시험이 쉬웠다는 후기를 보고 너무 놀랐어요. 전 그 시험이 모의고사보다 어려워서 처음 10분은 허둥지둥 그냥 흘려보냈거든요. 다행히 뒤늦게 정신을 차리며 집중했고 한 번에 합격할 수 있었어요.

2020년에 2차 시험을 준비하는데 코로나19가 터졌어요. 아이들 학교 보내놓고 공부하려던 계획이 다 깨졌지요. 이때는 저뿐만 아니라 이 시험을 준비하던 사람들은 다 혼란스러웠을 거예요. 특히 학령기 자녀를 둔 엄마들은 큰 고초를 겪게 됩니다. 학창 시절에 왜 어른들이 공부만 할 때가 편하다고 하셨는지 실감났어요. 학교, 학원 등 기관에 가지 않고 하루 종일 뛰어 놀고 고래고래 싸우는 아이들 때문에 낮에는 공부를 포기해야 했어요. 대신 저녁에 애들과 함께 좀 일찍 자고 새벽 3시쯤 일어나서 공부하는 생활을 병행했어요. 그야말로 주경야독이었지요.

운 좋게 2차 시험도 합격해 자격증을 취득했어요. 1차 시험을 통해 공인중개사 시험이 생각보다 어렵고 만만치 않다는 걸 깨닫고는 2차 시험은 연초부터 열심히 공부했어요. 공부에 왕도가 있나요. 그냥 오늘도 공부, 내일도 공부, 외우고 또 외우고, 돌아서면 잊어버리니 다시 또 외웠어요. 합격 후기들을 보면 6개월 만에 1~2차 시험에 합격했다는 사람도 많은데 저랑은 관계없는 이야기였어요. 저는 이 시험을 다시 봐도 6개월 만에 합격할 자신은 없어요. 특출나게 똑똑하지 않다면 이러나저러나 공부는 엉덩이 힘이 필요하다고 생각합니다.

어쨌든 전 무려 2년에 걸쳐 공인중개사 자격증을 취득했어요. 당장 사용할 일은 없지만 무언가 해냈다는 뿌듯함과 노후에도 일을 할 수 있는 토대를 마련했다는 안도감이 들었어요. 부동산 투자도 더 잘할 수 있겠다는 자신감이 생겼어요.

📍 수익형 부동산으로 고정수익을 창출하다

퇴사 후 제일 걱정되었던 건 일정한 수입이 끊기는 것이었어요. 함께 일한 동료들은 비슷한 업종으로 이직하거나, 스터디카페를 개설하는 등 창업을 하기도 했고, 저처럼 못다 한 육아에 전념하는 동료도 있었어요. 일을 하든, 하지 않든 다들 정기적으로 들어오는 월급의 안정감을 그리워했어요.

8개월 정도는 실업급여로 버틸 수 있었지만 그 이후의 현금흐름이 문제였어요. 소득을 고민하던 저는 수익형 부동산을 공부하고 매입하기로 결심합니다. 희망퇴직이라 퇴직금을 제법 많이 받았기에 종잣돈은 충분한 상태였어요. 퇴직금을 그냥 그대로 뒀다가는 야금야금 다 빼 쓸 것 같았어요. 퇴사를 하지 않았더라면 아마 전 수익형 부동산도, 소득 파이프라인 구축에도 관심이 없었을 거예요.

2019년 5월, 친한 직장동료가 다가구주택을 알아보고 있었어요. 이 친구 말로는 땅을 깔고 있는 건물을 사면 지가 상승과 임대료 수입을 동시에 얻을 수 있대요. 뭔가 대단히 전문가스러워요. 저는 아파트 투자로 시세차익이나 노렸지 건물 같은 건 전혀 몰랐거든요. 이 친구는 이전에도 다가구주택을 소유한 적이 있었고, 오랫동안 다양한 부동산 상품에 투자한 경험이 있었어요.

마침 퇴사 후 정기적인 수입에 목이 말랐던 저는 단번에 수익형 부동산에 매료되었어요. 주택은 잦은 고장과 수리로 임차인의 전화가 자주 왔지만 상가는 그런 부담이 덜했어요. 실제로 다가구 주택을 추천한 직장동료는 임차인의 전화가 가장 무섭고 스트레스라고 했어요. 맨날 수리해달라는 전화에 시달려서 임대수익을 포기하고 갖고 있던 다가구주택을 판 적도 있다고 해요. 상가는 임차인 본인이 업종에 맞게 인테리어를 하다 보니 고장과 수리 문제로 시달릴 걱정이 덜했어요.

저는 첫 투자용 아파트를 샀을 때처럼 일단 서점에 가 책을 샀어요. 주변에 상가 투자를 하는 사람이 한 명도 없었기에 스스로 알아봐야 했어요. 역시 아무것도 모를 때 의지할 만한 건 책뿐이었어요. 서점에서 놀랐던 부분은 아파트 투자 관련 책과 달리 상가 투자와 관련된 책은 별로 없다는 점이에요. 딱 눈에 들어오는 게 2~3권에 불과했어요.

모든 책이 도움이 되는 건 아니지만 일단 그 분야의 전문가가 쓴 책을 여러 권 읽으면 공인중개사에게 뭘 물어봐야 할지, 무엇을 조심해야 할지 알게 됩니다. 또 전문가들이 서로 공통적으로 강조하는 건 무엇인지, 같은 문제를 서로 어떤 관점에서 바라보는지 알수 있어요. 혹시 책값이 아깝다는 생각이 드시나요? 1억 원이 넘는 부동산을 구매하는데 책값을 아까워하면 안 된다는 게 제 생각이에요.

일단 마음에 드는 책을 다 읽었어요. 처음에는 정독하지 않아도 됩니다. 백과사전을 보듯이 읽고 싶은 부분, 궁금한 부분만 찾아서 읽어도 괜찮아요. 제 첫 상가 투자에 실질적으로 도움을 준 책은 다음과 같아요.

1. 『상가투자 비밀노트』(홍성일·서선정 지음, 지혜로)

상가 종류부터 상권분석, 상가 관련 세금까지 망라된 책이에요. 한 번 봐서는 안 되고 소장해서 여러 번 읽어야 합니다. 상가에 대해서 총체적으로 적혀 있어서 유익했어요.

2. 『나는 집 대신 상가에 투자한다』(김종율 지음, 베리북)

저자가 점포 개발 업무를 오랫동안 해서 상가 보는 안목이 남달라요. 상권분석의 대가로 워낙 유명하신 분이에요. 주동선, 유효수요 등 새로운 개념으로 상가를 바라보게 해줬어요. 너무 모르는 게 많아서 처음 상가를 사려는 저에게는 내용이 좀 어렵게 느껴졌지만 돌이켜보니 많은 도움이 된 책이에요.

3. 『서울휘의 월급 받는 알짜상가에 투자하라』(서울휘 지음, 국일 증권경제연구소)

상가 관련 책 중 가장 재미있게 읽은 책이에요. 상가 자체가 좀 어려운 투자 영역이라 쉽게 읽긴 어려워요. 본인이 투자한 경험을 바탕으로 쓰여 있는데, 저에겐 잘 읽혔고 가장 현실적으로 도움을 많이 준 책이에요. 저자는 경매로 상가 낙찰도 많이 받았는데 여기서부터는 쉽게 따라 하기 힘든 고수의 영역이에요.

3권 다 색깔이 다른 책이에요. 하지만 어느 하나도 빼놓으면 안 된다고 생각해요. 최근에 더 유용한 신간이 나왔을 수도 있어요. 그럼에도 고전처럼 이 3권은 반드시 읽어보길 권해요.

부록 초보 투자자를 위한 10가지 제언

1. 1천만 원 마이너스통장 대출을 상환한 방법

상가 투자에 앞서 우리는 종잣돈을 마련해야 해요. 시드머니를 모으는 데 가장 큰 걸림돌은 아무래도 대출이겠지요? 만일 대출이 있다면 최대한 빨리 상환하는 것을 추천해요. 마이너스통장 대출을 빠르게 상환한 제 비법을 소개할게요. 마이너스통장은 필요와 상관없이 급전을 해결할 수 있다는 편의성 때문에 만드는 경우가 대다수예요. 문제는 일단 마이너스통장을 개설하면 빚을 내 돈인 것처럼 쉽게 사용하는 경우가 많다는 겁니다.

마이너스통장을 무분별하게 쓰면 급여 때 이자와 원금을 갚느라 월급이 한 푼도 남지 않는 불상사가 생길 수 있어요. 저 역시 결혼 전에 1천만 원 한도의 마이너스통장이 있었어요. 매달 꼭꼭 채워 사용했는데, 지금 생각해보면 도대체 어떻게 1천만 원이나 쓰게 된 건지 모르겠어요. 쓰다 보니 1천만 원이 되어 있더라고요. 마이너스통장은 쉽게 빼서 쓸 수 있다는 게 최대 장점이자 단점이에요. 그래서 저는 마이너스통장을 없애기로 결심했어요.

방법은 앞서 소개한 강제 저축법과 비슷해요. 마이너스통장 사용액 1천만 원 중 소액이라도 먼저 상환해요. 금액은 상관없어요. 1만 원도 좋고, 10만 원도 좋아요. 가용 가능한 금액을 바로 상환하는 데 쓰면 됩니다. 예를 들어 1천만 원 중 10만 원을 상환했다면 바로 은행에 전화해서 한도를 990만 원으로 만들어달라고 해요 (1만 원을 상환했다면 999만 원으로 만들어요). 여기서 포인트는 중도 상환 후 은행에 바로 전화를 거는 거예요. 이거 미루면 언제 다시 한도까지 채워서 쓰게 될지 몰라요.

은행에서 진짜냐고 재차 묻겠지만 단호하게 '예스'라고 하세요. 참고로 마이너스통장의 한도는 한 번 줄이면 쉽게 늘려주지 않아요. 따라서 900만 원, 800만 원, 700만 원 이런 식으로 0원까지 줄이기만 하면 됩니다. 전 이렇게 마이너스통장 1천만 원을 모두 상환했어요. 이 방법은 다른 소액 대출에도 활용 가능합니다.

2. 부동산 상승기에는 못난이 매물이라도 잡아야 해요

상승기인지 어떻게 아느냐고요? 평상시라면 거들떠보지도 않는 못난이 매물이 로얄층 가격으로 나온다면 상승기일 확률이 높아요. 그것도 다른 매물 없이 단독으로 나오면 확실한 시그널입니다. 그럴 때는 못난이 매물일지라도 망설이지 말고 사야 해요. 못난이라는 이유로 약간의 흥정을 통해 가격을 깎으면 더 좋고요. 반대로 내 못난이 매물 또한 되도록 상승기 때 매도해야 해요. 그럼 로얄층 가격을 받고 매도할 수 있거든요. 못난이 매물은 상승기가 지나면 잘 팔리지 않아요. 부동산 하락기에는 로얄층도 간신히 팔리거든요. 못난이 매물을 잡았다면 흔한 말로 제때 탈출을 잘해야 해요. 실거주면 살면서 버티면 되는데 투자용이라면 돈이 오랜 시간 묶일 수 있어요.

3. 부동산 상승기에는 집을 함부로 팔지 말자

상승기 때는 '혹시 내가 꼭지에 진입한 건 아닐까?' 하고 마음이 참 불안해요. 그래서 섣부르게 집을 매도하는 일이 생기는데 절대 그래서는 안 됩니다. 저 역시 빨리 수익을 실현시키고 싶어서 성급하게 매도한 경험이 있어요. 역시 부동산은 시간과의 싸움이에요. 크게 벌려면 좀 진득해져야 하는데 이후로도 성급한 성격 때문에 다시 한번 큰 수익을 놓치게 됩니다. 공부도 그렇고 부동산 투자도 그렇고 엉덩이가 무거워야 해요.

4. 부동산 상승장에서는 냉정한 판단을 해야 해요

갑자기 매도인이 협상하는 자리에서 가격을 1천만 원을 올린다고 가정해봅시다. 저도 기분 나빠서 안 산 적이 많아요. 그런데 이런 일은 부동산 상승기 때 비일비재해요. 돈 1천만 원 때문에 기분이 상해 거래를 하지 않으면 과연 누구 손해일까요?

상승기 때는 백이면 백 매수인 손해예요. 상승장은 매도인 우위 시장이에요. 상대가 그렇게 가격을 갑자기 올린다고 해도 감정을 잘 조절해야 해요. 역지사지로 하루가 다르게 가격이 오르는 상황에서 내가 매도인이 되어도 똑같이 그럴 수 있어요. 중요한 결정을 내리는 순간에 기분 때문에 큰일을 망치면 안 됩니다.

저도 매도인 입장에서 비슷한 경험을 했어요. 매수 희망자가 제가 내놓은 물건을 흠집 잡으며 1천만 원만 깎아달라고 하더라고요. 제가 싫다고 거절하니 자리를 박차고 떠나요. 그 집은 현재 어떻게 되었을까요? 무려 3억 원 이상 올랐어요. 그분 덕에 전 아직도 그 집을 갖고 있어요.

5. 모르는 지역에 투자할 때는 작은 단서도 놓치지 말자

투자용 아파트를 선택하는 기준은 다 달라요. 대부분은 모르는 지역보다 아는 지역 위주로 투자하는 경우가 많지요. 즉 본인이 살았거나 현재 살고 있는 지역 위주로 접근해요. 그런데 그렇게 지역을 한정하면 한계가 있어요. 모르는 지역에 투자할 때는 작은 단서도 놓치지 말아야 해요. 검색해서 찾을 수도 있고, 지인이 알려줘서 찾을 수도 있고, 혹은 책에서 보고 알 수도 있어요. 저처럼 ㅎ갱ㄴ노 애플리케이션에서 팁을 얻을 수도 있고요. 이렇게 얻은 팁은 그냥 지나치지 말고 직접 현장에 가서 검증해야 해요. 대부분은 검색하다가 귀찮아서 얻은 정보를 버리는 경우가 많은데 나중에 후회하지 말고 잘 정리해두기 바랍니다.

6. 매도인 혹은 매물을 내놓은 공인중개사무소가 멀리 있으면 협상이 쉬워요

매도인 혹은 매물을 내놓은 공인중개사무소가 멀리 있다면 아무래도 해당 지역에 대한 정보가 부족할 수밖에 없어요. 공인중개사가 멀리 있으니 매물을 자주 보여주기도 어려워요. 그래서 적당히 조건이 맞으면 거래를 성사시키려 해요. 즉 매수인이 붙으면 공인중개사가 매도인을 설득하려 노력합니다. 그래서 매수인이 해당 지역을 잘 아는 경우 협상이 유리해요.

7. 매물이 갑자기 사라지면 빠르게 이유를 파악해요

해당 지역의 매물이 갑자기 빠르게 사라지면 이유를 찾아야 해요. 누군가는 이걸 '촉'이라고 하는데, 원하는 지역의 부동산을 자주 검색하다 보면 이상한 분위기가 감지될 때가 있어요. 그럴 때는 망설이지 말고 바로 움직여야 해요.

8. 갭투자 시 이것저것 따지는 세입자는 무조건 아웃

모두 그런 건 아니지만 생각보다 진상 세입자가 많아요. 특히 임대인보다 나이가 많은 세입자는 좀 더 그런 경향이 있어요. 나중

월 500 임대료 받는 엄마의 상가 투자 시크릿

에 고생하고 싶지 않으면 갭투자 시 세입자를 가릴 필요가 있어요. 임대인 입장에서는 젊은 사람이 세입자로 들어오는 게 좋아요. 젊은 사람은 많이 따지지 않거든요. 또 젊을수록 가구나 인테리어도 깔끔하게 잘 해놔서 매도 시 유리해요.

9. 갭투자 시 인테리어 시공을 했다면 집 안 곳곳을 찍어요

인테리어가 완성된 후에는 집 안 곳곳을 사진 찍어두세요. 나중에 다른 집 인테리어 시 참고하기 위함이기도 하고, 매물로 내놓을 때 사진을 함께 게시하면 효과가 더 좋아요. 세입자가 들어오면 사진을 찍기가 힘드니 미리 찍어둬요. 가구가 들어오기 전에 집을 찍으면 더 넓고 환해 보여요.

10. 믿을 만한 인테리어업체 사장님과 친분을 쌓아요

전세를 낀 집을 매수할 때는 상관없지만 가끔은 집이 너무 낡아 수리가 필요한 집이 있어요. 이럴 때는 믿을 만한 인테리어업체 사장님이 있으면 참 좋아요. 인테리어를 싹 해놓으면 세입자를 들이기도 편하고, 매도 시 가격도 잘 받을 수 있어요.

"미래는 현재 우리가
무엇을 하는가에 달려 있다."
-마하트마 간디-

2장

상가 투자로
은퇴를 은퇴하다

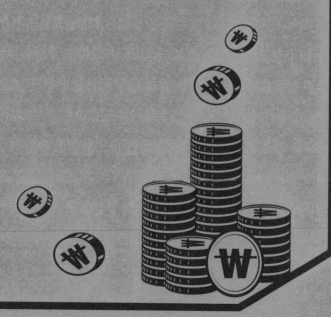

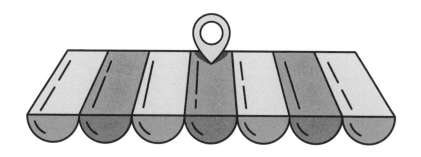

나의 첫 번째
상가 매수 포인트

저는 일단 분양상가는 멀리했습니다. 높은 분양가도 문제지만 당장 임대수익을 얻을 수 있는 물건이 필요했어요. 그래서 임대가 맞춰지지 않은 상가는 되도록 피했습니다. 상가 투자에 대한 지식도 부족했고, 갖고 있는 자금도 너무 적어서 분양상가 투자는 아직 이르다고 판단했어요. 또 상가는 시세차익이 거의 없다고 들어서 높은 임대수익률만 추구했습니다.

저는 매매가 2억 원 미만으로 대출이 없다고 가정할 시 1층 상가는 수익률 5% 이상, 2층 이상 상가는 수익률 6% 이상만 찾았어요(참고로 대출을 받을 경우 기대수익률은 더 높아져요). 이 수익률 때문에 웃지 못할 에피소드가 하나 있어요. 첫 상가를 보러 다닐 당시 저는 관련 책에 통달했기에 스스로 제법 상가에 대해 많이 안다고 착각했어요. 시중에 나온 책은 하나같이 레버리지를 일으키면 수익 률이 높아진다고 강조했고, 그래서 저도 대출을 당연하게 생각했 지요. 처음부터 대출을 가정하고 기대수익률을 계산하는 게 맞다고 생각했어요.

상가 투자 책을 보면 상가의 경우 경비를 처리할 부분이 대출 외에는 딱히 없다는 이야기가 자주 나옵니다. 이 말은 반은 맞고 반 은 틀려요. 실제로 대출을 많이 일으키면 수익률도 높아 보이고 경 비 처리도 많이 할 수 있어요. 하지만 금리가 인상되거나 공실이 발 생하면 대출 이자를 감당하기 어려울 수 있어요. 공실 시 대출 이자 와 관리비가 큰 부담으로 다가와요. 그러다 못 버티면 상가는 경매 로 넘어가게 되지요.

이러한 리스크를 전혀 고려하지 못한 저는 무대출 수익률을 중 요하게 생각하지 않았어요. 그래서 처음에 공인중개사가 매물을 소 개할 때 무대출 수익률을 기준으로 물건을 소개하자, 저는 약간 잘 난 척하며 "대출을 받을 건데 왜 무대출 수익률로 계산하세요?"라 고 물었어요. 공인중개사는 "보수적으로 보는 거죠."라고 답했어요. 저는 속으로 '약간 뭘 모르시는 분이구나.' 하고 생각했지요. 지나고 보니 제가 얼마나 어리석었는지 알았어요.

제 상가 투자 노하우를 간략히 정리하면 다음과 같아요.

1. 자기가 잘 아는 지역부터 공략하기

2. 네이버 부동산으로 올라오는 매물 매일 검색하기

3. 매물이 잘 안 나오는 곳은 공인중개사와 자주 연락하기

4. 작은 금액으로 도전해보기

5. 반드시 실행하기

참고로 저는 공실은 절대 용납 못 해요. 아시다시피 공실이 나면 대출 이자와 관리비가 오롯이 상가주의 몫이 되기 때문이에요. 또 2층 이상 상가는 대부분 1층 상가보다 면적이 넓기 때문에 상대적으로 관리비와 재산세가 높아 리스크도 더 큽니다.

○ 임대차 계약서 분석하기

상가를 매수하기 전에 반드시 임대차 계약서를 꼼꼼히 확인해야 합니다. 표준 임대차 계약서 양식은 국가법령정보센터(www.law.go.kr)에서 확인할 수 있어요. 국가법령정보센터 '별표·서식' 메뉴를 통해 확인 가능한데요. 임대차 계약서와 함께 확인해야 할 부분은 다음과 같습니다.

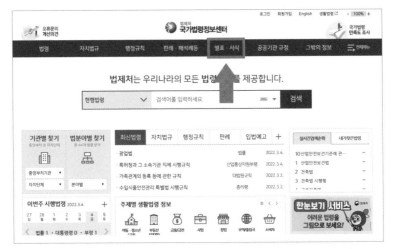

▲ 국가법령정보센터 '별표·서식' 메뉴에서 표준 임대차 계약서 양식을 확인할 수 있다.

1. 남은 임대차 기간

2. 임대차 계약 연장 여부

3. 임대차 계약 연장 계획은 있는지

4. 주변 비슷한 상가의 공실률

5. 공실 시 관리비는 얼마나 나오는지

6. 임대료는 제날짜에 잘 들어오는지

7. 인근 비슷한 상가와 비교해 임대료가 적정한지

8. 임차인의 장사가 잘되는지

9. 공실 시 임대차 맞추는 데 소요되는 기간

월 500 임대료 받는 엄마의 상가 투자 시크릿

6번의 경우 저는 공인중개사를 통해 매도인에게 임대료 입금 내역을 보여달라고 했어요. 제날짜에 입금되는지 2~3개월 내역을 확인하면 됩니다.

7번의 경우 임대료가 너무 비싸면 임차인이 근방으로 이동할 수 있고, 너무 낮으면 「상가건물 임대차보호법」 때문에 1년에 5%만 올릴 수 있어 수익률에 문제가 생길 수 있어요. 임대료가 낮으면 임차인이 스스로 나갈 리 없으니 임대차를 다시 맞출 수도 없지요. 만약 임대료가 낮은데 상가가 마음에 든다면 협상을 통해 상가의 매매가를 깎으면 됩니다. 매도인이 응하지 않으면 안 사면 그만이에요. 반대로 나중에 내 상가를 높은 가격에 매도하고 싶다면 새 임차인에게 높은 임대료를 받아야 합니다. 상가는 수익률로 매매가가 정해지기 때문에 임대료를 높이면 좋은 가격에 매도할 수 있어요.

8번의 경우 장사가 안 되는 것보다 잘되는 게 좋지만, 또 너무 장사가 잘 풀려도 문제가 될 수 있어요. 너무 잘되면 확장해서 이전하는 경우가 종종 있거든요. 하지만 나갈 때 나가더라도 당연히 장사가 잘되는 임차인이 나아요.

9번의 경우 공인중개사에게 최대한 보수적으로 말해달라고 요청했어요. 이건 공인중개사무소가 믿을 만한 곳이어야 제대로 답해줘요. 저는 평균 2~3개월이면 대부분 임대치기 맞춰진다고 해서 매수를 결심했어요(코로나19 전 기준이었어요. 코로나19 이후 2층 물건은 임대차를 맞추는 데 5~6개월이 걸리더라고요.).

저의 첫 상가는 이제 막 임대차를 맞춘 물건이었어요. 즉 매도자가 1월 1일에 임대차 계약을 하고 1월 31일에 잔금을 치르는데 1월 15일에 저에게 상가를 매도한 것이지요. 전 첫 상가라 무리한 부탁을 했어요. 임차인이 잔금을 치르기 전에 계약을 파기할 경우 새로운 임차인은 매도자 측에서 구하고, 그 수수료도 매도자 측에서 부담해달라고 요청했어요. 상가 매수 잔금일도 그에 따라 늦춰달라고 요청했고요. 매도자 측이 수락하기 어려운 조건인데 다행히 연세도 있으시고 상가도 여럿 갖고 계신 자본가셔서 흔쾌히 수락해주셨어요. 어린 애들 키우는 가정주부라고 소개하니 좀 측은하게 보신 듯해요.

첫 상가 투자라 손해를 볼 수 없었고 최대한 리스크를 다 제거해야만 했어요. 그렇게 했는데도 첫 임대료가 들어올 때까지 마음이 참 불안했어요. 이렇게 첫 상가 투자에 성공하자 두 번째 상가부터는 탄력이 붙었어요. 첫 상가 때는 까다롭게 계약했지만 두 번째부터는 저도 제법 여유가 생겼어요.

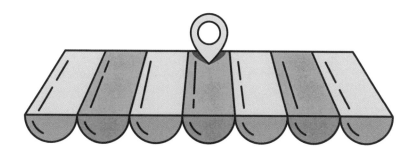

두 번째 상가에
도전하다

첫 상가 임대료가 들어왔을 때는 정말 신세계였어요. 이럴 수가! 일도 안 했는데 월급처럼 통장에 돈이 매달 꽂히다니. 희망퇴직 전에는 근로 없이 돈을 받는다는 건 상상도 못 한 일이었어요. 작게나마 임대소득을 경험해보니 이 파이를 더 키우고 싶더라고요. 하지만 첫 상가가 2층이라 좀 아쉬웠어요. 좀 더 안정적인 1층 상가가 갖고 싶었어요.

그러다 마침 제가 가진 2층 상가가 있는 건물에서 1층 자리가 나왔어요. 면적은 2층보다 작지만 받는 임대료는 2층과 똑같았어요. 매매가는 1층이라는 이유로 2층보다 3천만 원 더 비쌌고요. 임

차인의 사업은 예약제로 운영되는 미용업이었는데, 솔직히 좋은
자리는 아니었지만 장사가 잘되는 편이라 매수를 결심했어요.

📍 1층 상가 vs.
2층 상가

그렇게 첫 번째 상가를 매수한 지 두 달 뒤에 두 번째 상가를
거래했어요. 살 때는 엄청 고민했는데, 이후 코로나19에도 불구하
고 1~2층 상가는 우리 가계에 큰 보탬이 되었어요. 약간의 연체는
있었지만 달을 넘기지 않고 임대료가 꼬박꼬박 잘 들어왔어요. 특
히 1층 상가가 효자 물건이었어요. 임차인이 건강상의 문제로 중간
에 일을 관두게 되었는데, 장사가 잘되다 보니 권리금도 받아가셨
고 새 임차인에게 임대료도 올려 받을 수 있었어요. '역시 상가는
1층 물건이 답이구나.' 싶었어요. 1층 상가는 2층 상가와 달리 공실
이 나도 금방 채워졌어요.

이때부터 저는 저렴한 1층 상가를 공략하기로 해요. 임대료가
높은 상가는 코로나19로 직격타를 맞았지만 제가 가진 상가는 임
대료가 낮아서 그럭저럭 버티더라고요. 국가에서 재난지원금도 나
오니 1~2층 상가 모두 코로나19 상황에도 계약을 연장했어요.

불과 몇 달 사이에 저는 이제 상가를 2개나 보유하게 되었어요.

믿을 수 없는 일이었어요. 상가 투자는 나와는 상관없는 분야인 줄 알았는데 말이에요. 제 경우를 보면 첫 상가 투자가 성공해야 그다음 투자가 쉬워지는 것 같아요. 자신감이 생기거든요. 성공이라고 해서 딱히 별것 없어요. 그냥 임대차 계약서대로 제날짜에 임대료만 잘 들어오면 됩니다. 그런데 현실에서는 이 단순한 약속이 지켜지지 않아서 문제가 되더라고요.

상가 투자가 어려운 이유는 주변에 조언을 얻을 이가 별로 없고, 아파트와 달리 개별성이 강해 대형 프랜차이즈, 은행, 병원과 같은 우량 임차인이 장기 계약을 하지 않으면 성공을 보장할 수 없다는 데 있어요. 주식은 첫 투자에 좀 많이 잃어도 몇 년 뒤에 다시 시도하곤 하는데, 상가는 일단 한 번 실패를 경험하면 이를 박박 갈며 다시는 안 쳐다보는 경우가 많더라고요. 상가 투자는 정말 간단해요. 그냥 임대료만 밀리지 않고 잘 들어오는 물건이면 됩니다.

그럼 임대료를 잘 내는 임차인은 누구일까요? 제 개인적인 경험이지만 젊은 분이 임대료를 비교적 잘 내는 것 같아요. 임대인보다 나이가 많은 임차인은 장사가 잘 안 되면 그냥 잠수를 타고 임대료를 안 내는 경우가 많아요. 물론 사람마다 다르지만 연륜(?)이 그렇게 만들어요. 자금 사정이 어려우면 본인이 필요한 데 다 쓴 다음에 마지막에 남은 돈으로 임대료를 납부하더라고요. 물론 모든 임차인이 그렇다는 건 아니에요. 결국 사람마다 달라요. 그래도 굳이 꼽자면 전 새 임차인이 들어올 때 연령대를 체크해요. 경험상 30대

전후가 제일 좋아요(인성을 보는 게 아닙니다. 임대료를 제날짜에 잘 내는 분을 보는 거예요. 사실 이 세계에서는 그게 인성보다 중요해요). 임대료 납부가 걱정스러운 임차인은 보증금을 좀 더 받아둬요. 일종의 안전장치이지요.

📍 두 번째 상가 매수 포인트

첫 번째 상가는 철저히 수익률에 중점을 둔 반면, 두 번째 상가는 안정성에 초점을 맞췄습니다. 첫 상가는 1층 상가보다 넓어서 수익성은 좋았지만 2층이어서 안정성이 조금 떨어졌어요. 아니나 다를까 코로나19가 시작되자 제 2층 상가 주변에 공실이 발생하기 시작했어요. 다행히 제 상가는 계약 기간이 남아 있어 공실이 생기지 않았지요. 또 같은 2층 상가 중 제 상가의 임대료가 10만~20만 원 정도 저렴했어요. 작은 상가는 월 임대료 10만~20만 원이면 매매가 1천만~2천만 원이 왔다 갔다 해요. 상가는 철저히 수익률 싸움이라 임대료에 따라 매매가가 결정되므로 안정성을 높이겠다고 함부로 임대료를 낮춰줄 수가 없어요.

예를 들어 새 임차인과 월 100만 원에 계약하기로 했다고 가정해봅시다. 임차인이 경기가 어렵다며 임대료를 10만 원만 깎아서 월 90만 원에 해달라고 한다면 어떻게 대응해야 할까요? 이럴 때는 임대료를 깎아주기보다 차라리 1개월 렌트프리(임대료를 받지 않는 것)를 해주고, 임대차 계약서에는 100만 원으로 기재하는 게 낫습니다. 그래야 나중에 상가 매도 시 가격을 낮추지 않을 수 있어요. 또 경기가 좋아질 경우 90만 원이 아닌 100만 원에서 5%를 인상할 수 있습니다.

첫 번째 상가의 경우 코로나19만 아니었으면 계약 기간 2년을 채운 뒤 임대료를 5% 인상하려 했는데, 인상은커녕 임차인이 나간다고 할까봐 조마조마했어요. 임차인 계약 기간 2년 만기를 앞두고 계약 연장 여부를 4개월 전에 물었어요. 혹시 나간다고 하면 임차인을 빨리 구하려고요. 다행히 임차인이 1년 더 연장하겠다고 했고 2층 상가는 그렇게 공실을 면할 수 있었습니다.

반면 두 번째로 샀던 1층 상가는 코로나19에도 임대료를 10만 원 더 올릴 수 있었어요. 코로나19 때도 1층은 공실이 없었거든요. 왜 1층 상가를 찾는 사람이 많은지 알 수 있었어요. 또 규모가 작은 구분상가일수록 1층이 좋다는 걸 느꼈습니다(제가 생각하는 작은 구분상가의 기준은 전용면적 6~15평입니다).

1층 상가는 임차인만 선호하는 게 아니라 상가 매수 희망자도 좋아해요. 안정성 때문인데요. 더불어 환금성도 1층 상가가 2층 상가에 비해 훨씬 좋아요(물론 병원, 학원 등 선호 업종이 들어왔다면 2층 상가도 손바뀜이 원활합니다).

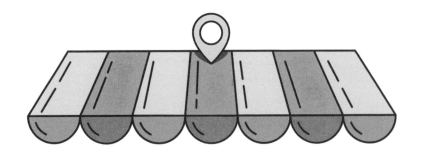

세 번째, 네 번째,
다섯 번째 상가를 사다

2019년에 작은 구분상가 2개를 사고, 2020년 3월에 본격적으로 코로나19가 퍼지기 시작했어요. 남들에게는 상가 하나 값도 안 되는 작은 구분상가지만, 저에게는 퇴사 후 월급을 대체할 소중한 자산이라 슬슬 걱정이 되었어요. 듣기 불편한 소위 '착한 임대인' 뉴스가 여기저기 흘러나왔어요. 경기가 어려워지자 소상공인 임차인을 위해 임대료를 받지 않는 임대인이 늘고 있다는 뉴스였지요.

저는 상권 분위기도 파악하고, 제 상가에 손님이 얼마나 있는지 확인하기 위해 틈틈이 임장을 다녔어요. 그리고 추가로 상가를 매수하게 됩니다. 코로나19로 예전만 못했지만 상권이 완전히 죽

월 500 임대료 받는 엄마의 상가 투자 시크릿

은 것은 아니었어요. 또 임대료가 100만 원 미만인 구분상가는 상대적으로 피해가 크지 않았고, 설사 폐업을 한다고 해도 다른 곳에 가지 못하는 경우가 대부분이었어요(인근 시세 대비 임대료가 저렴한 편이었거든요). 그래서 과감히 코로나19로 나온 급매 물건을 잡았습니다.

급매 물건이라고 해서 공실이었던 게 아니라, 매도자가 급히 다른 투자를 위해 돈이 필요한 상황이었어요. 코로나19고 뭐고 투자하는 사람들은 여전히 여기저기서 계속 투자를 하고 있었던 것이지요. 급매로 나온 상가에 가보니 손님도 꽤 있었어요. 기존에 거래했던 공인중개사에게 연락해 협의 가능한 가격을 요청했고, 그렇게해서 1층 구분상가 2개를 추가로 구매하게 되었습니다.

작은 구분상가 2개가 나란히 매물로 나왔는데, 각각 6.5평이어서 무척 좁았지만 추후 2개를 합치면 나쁘지 않을 것 같았어요. 2개를 합쳐 1층 13평 상가면 꽤 좋은 매물이라 생각했어요. 급매 물건이었고, 2개를 같이 사는 조건이라 좋은 가격에 매수할 수 있었어요. 다행히 2020년 코로나19가 한참 극성을 부릴 때도 이곳은 임대료가 꼬박꼬박 잘 들어왔어요. 지금은 당연히 매매가도 올랐고요. 듣기로는 몇몇 상가는 임차 중이던 임차인이 직접 사기도 했대요. 아직까지 직접 사서 운영하고자 매물이 나오기를 기다리는 임차인도 있다고 합니다.

되돌아보면 2020년 한 해는 저렴하게 세 번째, 네 번째 상가를 살 수 있는 좋은 기회였어요. 그때는 몰랐는데 지나고 보니 그래요. 전 운 좋게 기존에 갖고 있던 상가의 상황을 확인하러 갔다가 발견한 급매 물건을 잡은 케이스예요.

📍 코로나19, 정말 악재일까?

'사장님, 임대료가 아직 안 들어왔네요. 확인 바랍니다.'
'네, 오늘 좀 바빠서 이제 가게 끝나네요. 바로 입금할게요.'

실제로 임차인과 주고받은 문자예요. 밤 11시에 문자를 주고받았는데, 임차인이 오전에는 주무시고 점심 이후는 업무로 바빠서 저랑은 주로 늦은 밤에 연락합니다. 코로나19로 여기저기 문 닫는 가게가 많고 장사가 안 된다는 뉴스가 참 많아요. 맞아요. 맞는 말인데 다 그런 건 아닙니다. 자영업도 양극화가 심해지고 있어요. 맛집은 이 시기에도 줄이 늘어서 있어요. 마찬가지로 코로나19에도 상가 투자로 돈을 버는 투자자들이 참 많아요.

실제로 코로나19로 침체를 겪던 수익형 부동산 시장은 2021년 들어 코로나19 이전 수준을 회복했고, 매매가격은 역대 최고치를 경신했습니다. 한국부동산원의 통계에 따르면 수익형 부동산의 투자

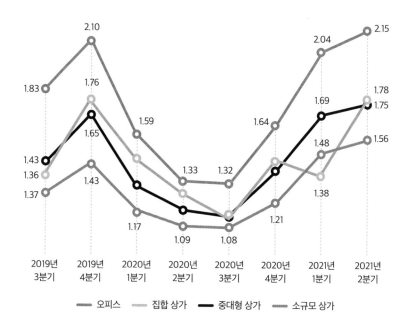

상업·업무용 부동산 투자수익률 추이 [단위: %]

2019년 3분기 / 2019년 4분기 / 2020년 1분기 / 2020년 2분기 / 2020년 3분기 / 2020년 4분기 / 2021년 1분기 / 2021년 2분기

오피스: 1.83, 2.10, 1.59, 1.33, 1.32, 1.64, 2.04, 2.15

집합 상가: 1.36, 1.76, 1.43, 1.09, 1.08, 1.32, 1.48, 1.78

중대형 상가: 1.43, 1.65, 1.17, 1.09, 1.08, 1.32, 1.69, 1.75

소규모 상가: 1.37, 1.43, 1.17, 1.09, 1.08, 1.21, 1.38, 1.56

— 오피스   ⋯ 집합 상가   — 중대형 상가   — 소규모 상가

자료: 한국부동산원

수익률은 전 유형에서 코로나19 이전 수준을 회복했습니다. 여기서 말하는 투자수익률은 임대료 등 부동산 운영에 따라 발생하는 소득 수익률에 부동산 가격 등락에 의한 자본수익률을 합한 개념입니다.

특히 오피스의 경우 2019년 4분기 2.10%로 2008년 글로벌 금융위기 이후 최고치를 기록했지만 2020년 1분기 1.59%로 급감했고, 2분기 1.33%, 3분기 1.32%로 깊은 하락세를 보였습니다. 그러다 2020년 4분기부터 반등을 시작했고 2021년 2분기에는 2.15%

로 2008년 글로벌 금융위기 이후 가장 높은 투자수익률을 기록합니다.

저와 문자를 주고받은 사장님은 식당을 운영하시는데 당연히 배달도 하세요. 복잡한 방역지침과 영업시간 제한, 인원 제한으로 직격타를 맞은 건 사실이에요. 그런데 그래도 여전히 바쁘시대요. 오히려 상가 투자자에게는 코로나19보다 금리 인상과 대출 규제가 더 복병인 것 같아요. 2021년까지는 주택 규제와 저금리 추세로 상가, 지식산업센터로 돈이 몰리다 보니 수익률 낮은 매물이 많았어요. 그런데 급격한 물가 상승으로 금리가 인상되고 있어요. 금리가 오르면 상가의 인기는 떨어져요. 사실 이때가 매수하기 좋은 때예요. 저렴하게 잡을 수 있거든요. 그런데 지금은 물가가 오르니 금리도 오르고, 이에 따라 임대료도 오르고 있어요. 점점 더 '위드 코로나'로 가는 분위기고요. 금리가 오르면 일반적으로 상가는 인기가 없어야 하는데 임대료가 같이 오르니 그 인기가 확 식지는 않을 것 같아요. 아직까지 대출도 감정가의 50~70%까지 나오고 있고요.

다시 한번 강조하지만 급한 마음에 수익률 낮은 상가를 사면 안 됩니다. 수익률에 대한 자신만의 기준을 세우고 꼭 기준에 맞는 상가를 사세요. 안전마진 확보를 위해 아무리 못해도 수도권 기준(서울 제외) 수익률 5% 미만은 매수하지 않는 게 맞다고 봐요(저는 개인적으로 6%를 기준으로 둡니다).

시드머니가 충분히 있고, 끈기 있게 좋은 물건을 기다릴 시간이 있다면 기회는 반드시 옵니다. 상가는 수익률을 보고 들어가는 것이기 때문에 코로나19와 같은 변수에 휘둘리면 안 됩니다. 팬데믹과 무관하게 상가 투자는 항상 금리와 임대료에 초점을 맞춰야 해요. 임대료가 매매가 대비 낮거나 공실이 길어질 경우 금리가 높아지면 급매 물건도 나옵니다. 이러한 물건을 잘 잡아야 해요.

한마디로 2019~2021년 상반기까지는 코로나19라는 악재와 저금리라는 호재가 만난 특이한 시장이었어요. 그런데 제가 경험해보니 시기와 무관하게 매도인 개인 사정에 따라 급매 물건이 나오기도 하더라고요. 자녀가 갑자기 결혼을 하게 되어서 급전이 필요하다거나, 지방으로 이사 가게 되어서 정리하는 등의 이유로 급매 물건이 나오기도 해요. 간혹 '수익률도 이렇게 좋고 매매가도 저렴한데 왜 팔지?' 싶은 물건은 다 이러한 이유로 나온 매물이었어요.

◉ 다섯 번째
상가를 사다

네 번째 상가를 산 다음에는 「주택임대차보호법」으로 갑자기 전셋값이 뛰었어요. 마침 작년 겨울에 갭투자한 아파트 세입자가 서울 아파트를 분양받아서 들어간다고 연락이 왔어요. 너무 축하할 일이지요. 이후 새로운 세입자에게 전세금 8천만 원을 올려서 받게됩니다. 1천 세대 단지 아파트에서 전세 물건이 제 물건 하나뿐이었거든요. 이 8천만 원으로 2021년 3월에 추가로 구분상가를 매수했어요. 다섯 번째 상가였어요.

퇴사 후 2019년부터 구분상가를 사기 시작했으니 3년간 5개를 산 거예요. 전 습관적으로 매일 네이버 부동산 애플리케이션에서 상가 매물을 검색해요. 다섯 번째 물건도 바로 그러다가 발견한 물건이에요.

1층인데 매매가 1억 9천만 원에 보증금 1천만 원, 임대료 90만 원(부가세 별도)으로 임대수익률은 6%였어요. 수익률만 봐선 정말 귀한 매물이었어요. 하지만 집 근처는 맞는데 평소 갈 일이 없는 동선에 위치해 있었어요. 해당 상권에 대해 아는 게 없다 보니 공인중개사무소에 연락해서 바로 가봤어요. 정확히 어딘지 확인하고 싶었거든요. 큰 식당이었는데 2개의 상가를 터서 사용하고 있었어요.

특이하게 상가가 'ㄱ'자 모양으로 식당의 홀 전면부는 사람이 많은 대로변에 위치하고, 주방인 후면부는 이면도로에 위치해 있었어요. 그중 제가 사려는 상가는 그 식당의 주방인 안쪽 이면도로에 위치한 물건이었어요. 사실 누가 봐도 전면부인 홀 쪽이 크기도 넓고, 대로변에 있어서 입지가 더 좋았어요. 반면 제가 사려는 주방 쪽은 이면도로에 허름하게 위치해 있어서 눈에 잘 들어오지 않았지요.

월 500 임대료 받는 엄마의 상가 투자 시크릿

▲ 네이버 로드뷰로 확인한 다섯 번째 상가의 대로에서 본 모습(왼쪽)과 이면도로에서 본 모습
(오른쪽)

　전 그래서 '아 이 상가는 대로변에 있는 홀 전면부의 덕을 보는 물건이구나.' 하고 생각했는데 꼭 그렇지만은 않았어요. 네이버 로드뷰로 그 자리를 조회해보니 그 자리는 꾸준히 식당의 주방으로 활용되고 있었어요. 공인중개사에게 물어보니 임차인이 바뀌어도 권리금을 주고받으며 계속 식당으로 임대되었고, 대로변 상가만으로는 식당 크기가 애매해서 뒤쪽의 제가 매수하려는 상가와 함께 터서 사용 중이라고 했어요.

　이면도로 안쪽에서 보면 제기 사려는 싱가 오른쪽에 카페 매장이 있는데요. 즉 제 상가도 인테리어를 하면 옆자리의 가게처럼 예쁜 카페가 될 수도 있어요. 크기도 카페와 같고요. 오히려 제 쪽이 큰 도로변이랑 가까워서 위치적으로는 더 좋아요. 장점이 많은 물건이다 보니 대로변 상가에 비해 제 상가가 꼭 을이라고 볼 수는 없었어요. 당연히 대로변 상가보다 매매가도 훨씬 저렴했고요. 그래서 매수하기로 결심했어요.

그런데 문제가 하나 생겼어요. 벽을 터서 사용하는 상가는 제1금융권에서 대출이 안 나와요. 상가 대출 이자를 못 갚을 경우 은행에서는 담보물인 상가를 경매에 넘기는데, 벽을 터서 사용하는 상가는 담보 가치를 매길 수가 없다고 해요. 즉 경매에 넘길 수가 없는 것이지요. 담보 가치가 없으니 대출을 내줄 수가 없다고 하더라고요. 그런데 다행히 신용등급이 좋으면 제2금융권에서 고금리로 대출이 가능했어요. 아시다시피 제2금융권은 대출 이율이 높아요. 그러니 꼭 확신이 있을 때만 이용하기 바랍니다.

공인중개사가 소개해준 대출 법무사를 통해 새마을금고에서 3.9%의 이율로 1억 2천만 원을 대출 받았어요. 안 그래도 자금이 좀 부족했는데 생각보다 대출이 많이 나와서 제 돈은 7천만 원만 들어갔어요. 임대료 90만 원에서 대출 이자로 대략 월 39만 원을 빼면 당장은 50만 원이 남는 셈이었어요. 이자는 높지만 이 상가는 벽을 세워 따로 분리하면 대출도 제1금융권으로 갈아탈 수 있고, 임대료도 더 받을 수 있을 것 같았어요. 그럼 당연히 매매가도 올라가겠지요?

역시나 매수한 상가와 똑같은 크기였던 옆자리 카페가 두 달 뒤 제가 매수한 가격보다 9천만 원 비싸게 팔리더라고요. 이 다섯 번째 상가는 신랑도 처음에는 반대했어요. 이면도로이고 다니는 사람도 많지 않다는 이유 때문이었지요. 하지만 투자는 다른 관점이 필요해요. 저는 임차인은 자주 바뀌었지만 공실이 없다는 데 포인트를 뒀어요. 이 상가도 원래는 매도인이 직접 식당을 운영하고 있었어요(역시나 그때도 제 상가는 주방으로 쓰였더군요). 코로나19로 장사가 어려워지자 2년도 안 되어서 접고 나가는 거더라고요. 관리하기도 싫다며 상가도 팔고 싶다고 했어요. 이런 물건은 저렴하게 사는 게 중요해요(워낙 저렴하게 나와서 1원도 못 깎았어요).

그런데 운이 좋게도 그다음에 들어온 임차인이 코로나19에도 불구하고 장사가 잘 풀리는 거예요. 임차인 분이 너무 바빠서 날짜 가는 것도 모르고 집에 가면 곯아떨어진다고 해요. 2021년 4월부터 임대료를 받기 시작해 지금까지 임대료가 제날짜에 잘 들어오고 있어요.

코로나19가 한창일 때도 임대료 150만 원 미만 소규모 상가는 공실 없이 임차인이 잘 들어왔다고 해요. 오히려 임대료가 200만 원 이상인 상가들이 연체와 미납이 많았대요. 저는 아직 초보 투자자라 임대료 200만 원 이상의 대형 상가는 접근하지 못하고 있어요. 저처럼 부수적인 현금흐름을 창출하는 것이 목적이라면 대형 상가보다는 소규모 상가로 시작하는 것을 추천합니다.

상가는 아파트와 달리 매매가 활발하지 않은 편이에요. 반면 매매가 3억 원 미만 상가들은 빠른 속도로 빠지고 있는 게 보여요. 2021년 초만 해도 관심 지역의 매물이 4~5건 있었는데, 몇 달 만에 딱 1건만 남더라고요. 이 물건은 언제 없어지는지 두고 볼 예정이에요.

몇 년 전만 해도 지금처럼 제가 이렇게 상가주가 될 줄은 상상도 못했어요. 상가 투자는 특별한 사람만 하는 것이라고 생각했지요. 누구나 첫 시작은 많이 어려워요. 지금도 여전히 어렵고요. 멈추지 않고 도전해야 변화가 있고 더 나은 결과가 있어요. 책에서 배운 내용을 바로 실전에 적용하고 움직이는 실행력이 제 비법이라면 비법이에요.

월 500 임대료 받는 엄마의 상가 투자 시크릿

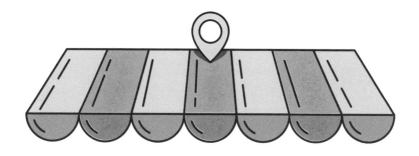

아파트 단지 내 상가,
주의해야 하는 이유

최근에 매수 여부를 심각하게 고민하다가 포기한 상가가 있어요. 왜 매수할지 말지 고민했는지, 그리고 포기한 이유는 무엇인지 공유해볼게요.

이 물건은 수도권에 위치한 아파트 단지 내 2층 상가였어요. 입주연차 10년에 1,100세대에 이르는 대단지 브랜드 아파트였는데, 임차인은 자주 바뀌었지만 업종은 쭉 미용실이었다고 해요. 권리금은 1천만~1,500만 원가량이었고, 매매가는 2억 6천만 원, 임내료는 보증금 2천만 원에 월 100만 원(부가세 별도)이었어요. 평수는 약 17평이었고, 수익률은 딱 5%에 맞춰둔 매물이었어요.

단지 내 상가의 허와 실

결론적으로 제가 이 상가를 포기한 이유는 단지 내 상가의 한계 때문이었어요. 단지 내 상가는 크게 두 종류가 있어요. 하나는 외부인도 원활히 활용할 수 있는 밖으로 열린 상가이고, 다른 하나는 단지 안에서만 소비가 이뤄지는 내부 상가입니다. 열린 상가는 가시성과 접근성이 좋은 반면, 내부 상가는 상권이 활성화되기 어렵다는 단점이 있어요. 물론 단지 규모가 크고 내부 상권이 활황이라면 문제될 건 없어요. 하지만 매물로 나온 상가는 사람의 발길이 뜸했어요.

이 상가는 2층이었는데, 1층 상가는 세 곳 모두 공인중개사무소였어요. 2층은 딱 두 곳으로 하나는 이 미용실이었고, 다른 하나는 조그마한 일반 사무실이었어요. 2층에 상가가 2개밖에 없다 보니 분위기가 참 싸했어요. 그럼에도 제가 이 상가를 살지 말지 고민했던 이유는 수익률 때문이었는데요. 공인중개사무소에서 수익률을 5%로 맞췄지만 가격을 2억 6천만 원에서 2억 2천만 원까지 깎으면 수익률은 6%가 됩니다(무대출 수익률 기준이에요. 일반적으로 임대수익률은 보수적으로 계산하기 위해 무대출 수익률을 사용해요). 매도자와의 협상은 나중 문제이고 스스로 타협 가능한 가격을 사전에 정할 필요가 있어요.

월 500 임대료 받는 엄마의 상가 투자 시크릿

몇 년 전만 해도 수도권의 2층 이상 상가는 수익률 7% 이상은 되어야 고려 대상이었어요. 그러다 최근 대출 이자가 낮아지고 양적완화로 시중에 돈이 많이 풀리면서 자연스레 매매가가 올라 기대 수익률이 낮아졌어요. 2층 상가도 5% 수익률은 이제 보기 힘들게 되었지요. 그렇다고 기대수익률을 충족한다고 해서 아무 상가나 덥석 물면 탈출이 힘들어요. 안전마진으로 수익률은 최대한 높게 확보해놔야 해요. 그래야 매도할 때 수익률을 하향 조정하더라도 원하는 매매가를 맞출 수 있습니다.

이 물건의 경우 매도인이 5% 수익률에 물건을 내놓았기 때문에 추후 임대료가 낮아지면 수익률이 심각하게 떨어질 수 있었어요. 또 시중 대출 이자가 올라도 수익률이 떨어지게 되고요. 영원히 가지고 갈 생각이라면 사실 수익률보다는 공실만 고민하면 됩니다.

단지 내 상가가 가진 한계와 우려를 설명했지만 1층 상가라면 이야기가 달라져요. 요즘 나오는 단지 내 상가는 거의 대부분 2층 이상 매물이에요. 1층 상가는 가격이 비싸지만 사려고 대기 중인 사람이 많아요. 따라서 1층 상가라면 내부 상가라 하더라도 다르게 접근해야 해요.

요즘에는 주택에 대한 과도한 규제로 재건축이 기대되는 아파트 단지 내 상가에 투자하기도 해요. 이런 경우에는 임대수익은 기대하기 힘들어요. 재건축이 기대될 정도의 아파트면 상가도 오래되었을 테니 임대료는 당연히 저렴해요. 단지 내 상가의 대지지분이 재건축 시 조합원 입주권이 주어질 정도로 넓다면, 월 임대료는 당장 나오는 대출 이자 정도만 되어도 괜찮습니다. 이 책에서는 임대수익형 상품만을 다루므로 이러한 시세차익형 상가에 대한 내용은 제외할게요.

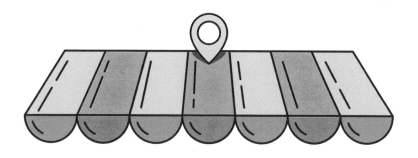

지하상가에 대한
편견을 깨자

상가는 본인이 잘 아는 곳 위주로 투자하는 게 가장 좋아요. 그런데 내가 보기에 좋은 물건은 남들이 보기에도 좋은 물건이어서 잘 나오지도 않고 가격도 비싸요. 또 내가 사는 곳이 신도시라면 살기 쾌적하지만 아직 상권 형성이 미진할 수도 있고, 구도심이라면 오래된 만큼 쾌적함이 떨어질 수 있어요. 하지만 안정성만 놓고 보면 신도시 상가보다는 구도심 상가에 투자하는 게 좋아요. 상권은 오랜시간 천천히 형성되기 때문에 수익률과 공실률 측면에서 구도심 상가가 보다 안정적인 편이에요.

다행스럽게도 전 구도심에 살고 있어요. 또 후술하겠지만 'SK

텔레콤 뉴스룸 실험실'이 발표한 '2021년 대한민국 상권 순위' 안에 들어 있는 지역이어서 상가에 투자하기 수월했어요. 길을 오가다 공실이 안 나는 상가를 발견하면 '여기는 월세가 얼마일까?' '매매가는 얼마나 될까?' 궁금한 게 많았어요. 그런데 제가 진짜 가지고 싶은 항아리 상권(주변에 커다란 배후세대가 있고, 그 배후세대로 둘러 쌓여 있는 상권)의 상가는 매물로 잘 안 나오더라고요.

그러다가 드디어 계속 눈여겨보고 있던 항아리 상권에서 매물이 나와요. 문제는 그 매물이 지하상가라는 점이었어요. 지하 1층이라는 점만 빼면 다른 조건은 참 괜찮았어요. 매도자는 저 멀리 신도시에 살고 있었고, 공인중개사도 다른 지역에서 활동하는 분이었어요. 즉 매도자와 공인중개사 둘 다 타지 사람이었어요. 이는 지역의 정황을 잘 아는 매수인에게 정말 유리한 조건이에요.

문제는 제가 지하 1층 상가는 생각해본 적이 없다는 것이에요. '지하상가'라고 하면 딱 떠오르는 이미지가 곰팡이, 습기, 환기, 누수 등이었거든요. 그래서 지하상가는 일반적으로 매매가도 저렴하지만 임대료도 저렴해요. 손바뀜도 적고요. 이 매물은 20년 이상 된 5층 건물의 지하 1층 상가라 더욱 그런 문제가 걱정되었어요. 이 건물 1층에 은행이 있었는데, 저는 그 은행을 10년 넘게 드나들면서도 거기 지하에 상가가 있는 줄은 전혀 몰랐어요. 그만큼 지하는 사람들이 잘 쳐다보지 않아요. 처음에는 지하상가라는 이유로 그냥 포기했어요. 그러다가 입지가 너무 좋아서 다시 바라보게 되었지요.

지하상가라고 해서
피할 필요는 없다

사람은 아는 만큼 보인다고 했던가요. 그 뒤로 이 항아리 상권의 지하상가만 보게 되었어요. 그런데 세상에나. 이 항아리 상권에는 생각보다 지하상가가 엄청 많았어요. 그리고 그 많은 곳 중 딱 한 곳만 장기 공실이었어요(이 부분은 후술할게요).

대략 공실 없는 지하상가의 면적은 30~50평으로 큰 편이었어요. 이 크기의 1층 상가, 2층 상가는 알다시피 임대료가 무척 비싼데 지하는 임대료가 2층의 반값, 1층의 1/4에 불과했어요. 또 항아리 상권이라 지하도 충분히 수요가 있었어요. 항아리 상권에 있는 지하상가의 업종을 정리하면서 깜짝 놀랐어요. 생각보다 정말 다양하더라고요. 태권도장, 주짓수(복싱 겸용)학원, 필라테스학원, 종합 소매몰, 노래방, 카페, 주점, 악기 연습실 등 업종이 다채로웠어요. 더 놀라운 건 10년 이상 업종 변경 없이 운영 중인 지하상가도 있었어요. 내부를 들어가 보니 지하임에도 쾌적했고, 공기순환시설이 설치되어 있었어요. 무엇보다 임차인이 애정을 갖고 운영하는 가게여서 관리가 잘된 편이었어요.

매도인은 5%의 수익률로 매물을 내놓았는데, 금리가 올리기고 있어서 저는 수익률을 6%에 맞춰서 매수하고자 했어요(이것도 제 기준에서는 많이 양보한 거예요. 1층도 아니고 지하니까요). 워낙 공실 없이 수요가 꾸준한 곳이어서 꼭 사고 싶었지만 결국 가격 협상 문제로 매수는 못 했어요. 아무리 좋은 상가라고 해도 기준에 맞춰 사야 해요. 눈을 낮춰 덥석 샀다가 훗날 큰 손해를 볼지 몰라요.

정말 놓치기 싫었지만 '돈이 없지 물건이 없나. 기회는 또 온다.' 하고 생각하고 과감히 포기했어요. 상가 투자를 해보면 알겠지만 기존에 있던 임차인에 대한 생각은 크게 두 가지로 나뉘어요. 하나는 기존에 있던 임차인이 나갔으면 하는 곳이고, 다른 하나는 제발 나가지 말고 오래 있었으면 하는 곳이에요. 제가 놓친 물건은 지하상가이지만 오래된 임차인이 나갔으면 하는 곳이었어요. 인근 지하상가 대비 임대료가 많이 저렴했고, 배후세대가 풍부해서 들어오고자 하는 업종이 많았거든요.

제 생각에 이 지하상가는 주변에 학교가 있어서 아이들이 덥고 추울 때 뛰어놀 수 있는 실내 축구장이나 구기 종목장이 들어오면 좋겠더라고요. 그런 수요도 많은 곳이었고요. 하지만 오래된 임차인이 워낙 저렴하게 사용하고 있어서 언제 나갈지 기약할 수가 없었어요.

그런데 배후세대가 풍부한 이 항아리 상권에서 1년 넘게 공실 중인 지하상가가 있어요. 이 지하상가는 다른 지하상가에 비해 위치도 나빴지만 가장 큰 문제는 112평의 큰 크기였다는 점이에요. 건물 자체도 관리비가 많이 나와요. 보통 건물에 있는 상가는 관리비가 계약면적 기준으로 평당 5천~1만 원 사이이니, 이 지하상가의 경우 공실 시 관리비만 50만~100만 원에 달했어요.

임차인 못지않게 임대인에게도 대출 이자만큼 무서운 게 관리비예요. 5층 이하 꼬마빌딩의 지하상가는 관리비가 거의 없다는 장점이 있어요. 따로 관리단 없이 각 임차인별로 관리하고 있더라고요. 하지만 규모가 큰 빌딩 내 지하상가는 관리단이 있으니 관리비가 비쌀 수밖에요. 임차인이 지하상가를 찾는 이유는 저렴한 임대료 때문인데 관리비가 비싼 곳은 우선순위에서 밀릴 수밖에 없지요. 더군다나 112평이면 운영비도 그렇고 관리비가 상당할 거예요. 지하라고 해서 관리비를 더 저렴하게 매기지는 않거든요.

요즘은 지하에 실내 테니스장, 골프장, 야구장, 유소년 축구장, 키즈카페, 애견카페, 스터디카페, PC방 등 할 수 있는 업종이 무궁무진한 편이에요. 지하상가라면 편견 때문에 눈길도 주지 않았는데 이번 매물로 많이 공부하게 되었어요. 비록 매수는 못 했지만 상가를 보는 안목도 키울 수 있었고, 지하상가도 저렴하게 매수하면 높은 수익률을 기대할 수 있다는 걸 알게 되었어요. 항아리 상권에 위치해 있고, 관리비가 저렴하다면 눈여겨보기 바랍니다. 단, 지하상가는 인식 때문에 매도가 생각보다 어려우니 꼭 저렴하고 수익률 높은 것을 매수하세요.

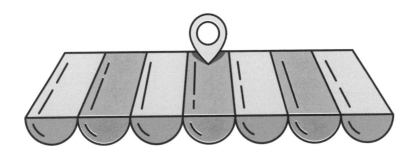

효과적인 틈새시장, 지식산업센터

최근 지식산업센터 분양권을 어렵게 샀어요. 지식산업센터란 과거 '아파트형공장'이라고 불린 수익형 부동산인데요. 규제 대상이 아니기에 70~80% 대출이 가능해서 초기 투자금이 적은 저에게 안성맞춤인 상품이었어요.

지식산업센터는 아는 사람들에게는 인기가 뜨거운 틈새시장인데 또 모르는 사람은 전혀 모르는 분야더라고요. 저는 우연히 들은 경매 강의와 유료로 구독 중인 블로그에서 관련 정보를 얻었어요. 수익형 부동산이라고 하면 보통 일반적인 상가, 사무실만 떠올리시는데 지식산업센터에 투자하시는 분은 또 이 분야만 파고들더

월 500 임대료 받는 엄마의 상가 투자 시크릿

라고요. 지식산업센터만큼 안정적인 상품이 없다면서요. 더군다나 시세차익까지 함께 기대할 수 있다는 말에 저 또한 관심을 갖게 되었어요.

지식산업센터에 대해 공부하기 위해 저는 또 서점에 가서 책을 구입했어요. 교보문고에 가보니 지식산업센터 관련 책이 몇 권 없어서 당황스러웠어요. 그만큼 아직 진입한 사람이 별로 없다는 의미예요. 저는 눈에 띄는 책 2권을 2번씩 읽고 분양대행사에 연락했어요. 그렇게 처음으로 지식산업센터 분양권을 매수했어요. 매매가 5억 6,400만 원에 예상 임대료는 200만 원이었어요. 무대출 수익률이 4.41%라 제 기준에는 좀 못 미치지만 추후 시세차익도 함께 기대할 수 있는 물건이라 매수를 결심했어요.

요즘에는 부동산 규제가 심하다 보니 투자자들이 지식산업센터 등 상업용 부동산에 몰리는 양상이에요. 아직 정보가 많지 않다 보니 오피스, 오피스텔에 비해 지식산업센터가 가진 장점은 무엇이고, 리스크는 무엇인지 꼼꼼히 따져보고 투자 결정을 내리기 바랍니다.

지식산업센터가 각광을 받는 이유는 대출이 많이 나오기 때문인데요. 매수 희망자가 많다 보니 돈이 있어도 살 수가 없어요. 인기 있는 지역은 소위 '초치기(매수 희망자가 많아 정해진 시간에 입금한 순으로 매수자가 결정되는 방식)'로 매수자가 결정되더라고요. 저는 지식산업센터도 또 못난이 물건을 잡았어요. 말이 못난이지 경

지식산업센터, 오피스, 오피스텔 비교

구분	지식산업센터	오피스	오피스텔
소유권	구분 소유	단일 소유	구분 소유
입주 업종 제한	있음	없음	없음
지원시설 면적 제한	제한 있음	제한 없음	제한 없음
지원시설 종류	제약 있음	제약 없음	제약 없음
발코니 유무	있음	없음	없음
공급 동향	공급 가능 부지 한정적	경쟁상품 과잉	경쟁상품 과잉
면적 확장성	가능	좋음	불가능
세제 혜택	있음	없음	없음

쟁이 굉장히 치열했어요. 이번 투자로 지식산업센터에 대해 많이 배웠고, 역시 실전이 중요하다는 걸 다시 한번 깨달았어요. 마지막까지 포기하지 않은 덕분에 물건을 잡을 수 있었어요. 항상 느끼는 거지만 투자는 끝날 때까지 끝난 게 아니에요.

그렇게 다섯 번째 상가에 이어 추가로 지식산업센터를 얻었어요. 5개 상가와 이 지식산업센터를 통해 1차 목표로 세운 노후자금 월 500만 원에 근접했어요. 과연 잘한 선택인지는 지금은 알 수 없어요. 시간이 지나면 알 수 있겠지요. 모든 투자는 100% 확신을 갖고 하지 않아요. 100% 확신이 든다면 왜 망설이겠어요. 제가 서투른 이유도 있지만 사실 전문가도 마찬가지예요. 다들 투자를 할 때

월 500 임대료 받는 엄마의 상가 투자 시크릿

는 어느 정도 불안과 리스크를 감수하지요. 저는 오로지 저만 믿어요. 어차피 손해가 나도 제가 다 감당해야 하니까요. 실패한다고 남을 원망할 필요도 없고요.

손해를 보고 싶지 않다면 최대한 위험요소를 배제시키고 진행하면 됩니다. 어떤 매물이든 가장 큰 위험요소는 비싼 가격이에요. 저는 이 지식산업센터가 비싸지 않다고 생각했고 더 오를 것이라고 예측해서 매수를 결심했어요. 완공과 입주까지 순조롭게 진행되었으면 좋겠어요.

모든 투자는 항상 기대 반, 두려움 반을 안고 가는 것 같아요. 그래도 투자를 해서 손해 보는 것보다 아무것도 안 해서 생기는 손해(정확히는 손해가 아니라 이득을 못 보는 경우)가 더 기분이 안 좋아요. 물론 눈앞에 이윤 때문에 너무 욕심을 부리면 안 되겠지요. 여러분 모두 성공적인 투자를 하기 바랍니다.

📍 지식산업센터를 공부하기 좋은 책

지식산업센터는 약간 그들만의 리그 같은 상품이에요. 저도 어디서부터 어떻게 정보를 알아봐야 할지 막막했어요. 지식산업센터를 공부하는 데 큰 도움이 되었던 책은 다음과 같아요.

1. 『상위 1%만 알고 있는 돈 버는 지식산업센터』(김성혜 지음, 라온북)

2020년에 나온 책이에요. 저자는 부동산 공인중개사로 지식산업센터를 직접 중개하면서 익힌 지식을 책을 통해 풀었어요. 지식산업센터의 유래와 개념부터 왜 투자해야 하는지, 유망한 지역은 어디인지를 여성 특유의 섬세한 글로 잘 풀었어요. 읽는 내내 흥미로웠고 '나도 꼭 도전해봐야지!' 하는 마음이 들게 했던 책이에요. 개인적으로는 이 책이 좋았어요.

2. 『딱 한 번 읽고 바로 써먹는 지식산업센터 투자』(박희성, 오승연 지음, 원앤원북스)

2021년에 출간된 따끈따끈한 신간이에요. 저자는 10년 이상 지식산업센터에만 투자한 베테랑이세요. 과거에는 지식산업센터가 인기가 많지 않았는데 규제 강화로 2020년부터 풍선효과를 누리고 있다고 해요. 2020년부터 지식산업센터 시장에 진입한 투자자의 수가 수년 전보다 최소 10배 이상 늘어난 것 같다고 하네요. 지식산업센터 투자 노하우를 비롯해 어느 지역이 유망한지 꼼꼼하게 잘 쓰여 있어요. 책 뒤에 부록으로 건물분 부가가치세 환급 받는 방법이 나와 있는데, 이번에 제 지식산업센터 부가세 환급을 셀프로 처리하면서 많은 도움을 받았어요.

이렇게 2권을 읽으니 지식산업센터에 대한 전반적인 이해가 생기고 흐름을 알게 되었어요. 2권의 책 안에 투자하면 좋을 지역도 나와 있고요. 저의 경우 지식산업센터를 사야겠다고 마음먹은 후 공부부터 매수까지 3개월 안에 끝냈어요. 지역 선정 부분과 적당한 평형 선택이 어려웠는데, 모르는 지역은 투자하지 않는 편이라 더 어려웠어요. 지역 선정과 평형 선택은 다행히 인근 지식산업센터 실사용자에게 의견을 구할 수 있었어요.

제가 투자한 곳은 분양 후 동시 공급이 워낙 많아서 입주 후 최소 6개월 공실은 각오해야 된다고 하더라고요. 즉 최소 6개월은 대출 이자, 관리비 등을 버틸 비용이 필요하고, 그 비용 역시 투자금으로 계산해야 해요. 투자에 있어서 항상 보수적인 저는 최대 1년 공실을 각오하고 실행에 들어갔어요. 현장에서 보니 가격이 계속 오르고 있고, 곧 관련 규제도 발의될 거라고 해요. 관심이 있다면 규제가 나오기 전에 좀 서두르는 게 좋을 것 같아요.

네이버 로드뷰를 모바일 애플리케이션이 아닌 PC로 보면 날짜별로 사진을 볼 수 있어요. 해당 상가의 과거 임차 업종이 무엇이었는지 알 수 있는 것이지요. 전 이걸로 얼마나 자주 업종이 바뀌는지 그 히스토리를 꼭 확인해요. 방법은 아주 간단해요. 네이버를 열고 '네이버 지도'를 검색해요. 그다음 네이버 지도에서 '거리뷰'를 누르고 지역명 혹은 건물명을 검색해요. 예를 들어 '한국출판콘텐츠센터'라는 건물명을 입력해볼게요.

거리뷰 하단에 날짜가 보여요. '2022년 2월'이라는 날짜를 클릭하면 날짜별로 선택해서 볼 수 있어요. 그 날짜를 '2010년 2월'로 바꿔볼게요. 한국출판콘텐츠센터의 옛 사옥이 보여요. 한국출판콘텐츠센터는 옛 사옥을 새롭게 재건축해 2016년 2월에 입주식을 진행했어요. 주변 상가를 보면 공인중개사무소가 변함없이 그대로 있네요.

▲ 네이버 로드뷰를 통해 한국출판콘텐츠센터 2022년 1월(위), 2010년 2월(아래) 전경 비교

어때요, 무척 쉽지요? 손가락 하나로 다 검색이 되는 좋은 세상에 살고 있어요. 직접 현장에 가서 눈으로 보고, 현지 공인중개사와 이야기를 나누는 것도 중요하지만 요즘에는 이렇게 집에서도 간단하게 임장을 갈 수 있어요.

"많은 사람이 재능의 부족보다
결심의 부족으로 실패한다."

_빌리 선데이

3장

임대수입
300만 원 만들기 ①

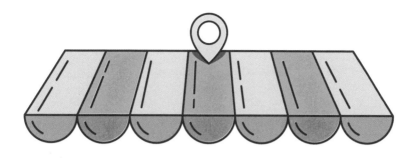

퇴사 후 루틴이
노후를 결정한다

퇴사 후 따로 루틴을 만들지 않으면 하루가 그냥 가요. 처음에는 저도 씻지도 않고 뒹굴뒹굴 하루를 보내곤 했어요. 그런데 이것도 하루 이틀이지요. 하루 종일 늘어져 있으면 거울 속의 초라한 내 모습에 실망하게 되고, 마음도 나태해져 할 일을 계속 미루게 됩니다. 회사를 다닐 때만 해도 나는 정말 멋진 사람이었는데 하루아침에 자존감이 바닥을 기어요. 이건 제가 경험해보니 스스로 노력해서 벗어나는 수밖에 없더라고요. 어쩌면 회사 월급을 대체할 수 있는 임대소득만큼이나 중요한 게 바로 '루틴 만들기'라고 생각해요.

무엇보다 사람들과의 꾸준한 교류가 정신적으로, 육체적으로 굉장히 중요하더라고요. 요즘은 온라인으로 대체하는 경우가 많은데 오프라인으로 사람과 자주 교류하는 게 건강에 도움이 되는 것같아요. 나가서 햇볕도 쬐고 수다도 떨면 스트레스가 줄어요. 휴식도 좋고 투자도 좋지만 식사, 차 마시기, 대화, 산책 등을 통해 꾸준히 건강한 루틴을 유지할 필요가 있어요.

♀ 건강한 루틴이 건강한 미래를 만든다

저의 아침 루틴은 아이들보다 10분 일찍 일어나서 씻고 선크림을 바르는 거예요. 별것 아닌 것 같지만 이게 하루 일과 중 가장 실천하기 힘들어요. 출근을 안 하니 아침마다 이 과정을 건너뛰거나 미루고 싶어져요. 그런데 이 루틴을 지키지 않은 날은 꼭 하루가 다 흐트러져요. 엄마들은 공감할 거예요. 예쁘게 하고 다니는 엄마들은 매일 예쁘게 하고 다니고, 대충 하고 다니는 엄마들은 매일 대충하고 다녀요. 다 같은 전업주부인데 말이에요. 하물며 마스크를 썼는데도 구분이 가요. 관리에 철저한 엄마들을 보면 저도 늘 철저하게 관리하는 사람이 되고 싶어져요. 이건 정말 습관이 중요한 것 같아요.

아침 루틴 이후에는 경제 관련 팟캐스트, 유튜브를 청취하면서 아이들 등원 준비를 해요. 저는 삼프로TV를 즐겨 듣는데요. 오전 방송을 통해 환율, 금리, 미중 관계 등 그날의 경제 소식과 전날의 미국 주가 등 다양한 정보를 얻을 수 있어요. 애들 등교 준비를 하면서 한쪽 귀에만 이어폰을 끼고 청취해요.

아이들을 등원시킨 이후에는 간단하게 집을 정리해요. 최대한 간단하게 해요. 청소로 소중한 오전시간을 날리고 싶지 않아서요. 코로나19로 아이들이 주중 일부만 등교를 하다 보니 활용할 수 있는 오전시간이 더 짧아졌거든요. 오전시간에는 주로 커피를 마시며 경제신문을 읽습니다. 제가 제일 좋아하는 루틴이기도 한데요. 경제 전반을 공부하기 위해 5년째 종이신문을 구독하고 있어요.

그다음에는 주식 시장을 체크해요. 저는 개인적으로 배당주를 모으고 있어요. 처음에는 들어오는 임대료를 주로 대출금을 갚는 데 썼는데, 최근에는 배당주를 모으는 데 쓰고 있어요. 매월 여유가 되는 선에서 조금씩 배당주를 모으니 부담스럽지 않고 마음이 편해요. 특히 배당주는 큰 등락이 없어서 좋아요. 배당주 때문에 증권사 ISA 계좌도 최근에 가입했어요. 아이들 계좌로는 삼성전자, 카카오, 네이버를 주가가 떨어질 때마다 1~2주씩 사는데요. 각각 100주씩 사는 게 목표예요.

주식 시장 동향을 확인한 다음에는 이웃 블로거들의 새 글을 읽어요. 정신이 번쩍 들고, 아이디어가 번쩍 떠오르는 글이 참 많아요. 전문가 칼럼 못지않게 전문성이 뛰어난 블로거의 글은 따로 유료 구독하고 있어요. 이웃 블로거들을 보면 다들 참 부지런히 살고 있구나 싶어요. 자극을 많이 받게 되더라고요. 어떤 글은 너무 좋아서 '이런 건 엮어서 책으로 나오면 좋겠다.' 싶기도 해요. 나이가 있어서 그런지 종이로 읽는 게 좋더라고요.

이후에는 네이버 부동산을 통해 상가 매물을 검색해요. 이건 루틴을 넘어 그냥 습관이 되었어요. 저렴하고 괜찮은 물건이 보이거나 궁금한 게 생기면 공인중개사무소에 전화해서 물어봐요. 당장 사지 않더라도 시세 파악 정도는 가능해요. 궁금증이 해소되지 않으면 전화를 끊고 직접 가서 보고 오기도 해요. '이런 곳이 있었나?' 싶은 곳이 자꾸 나타나요. 이 루틴을 매일 지켰더니 집 근처 웬만한 상가는 월세를 다 알게 되었어요. 배우자와 지나가면서 저기는 월세가 얼마이고, 저기는 장점이 무엇인지 브리핑을 할 수 있을 정도예요.

네이버 부동산 애플리케이션으로 가지고 있는 아파트의 실거래가, 호가, 전세가를 검색하고 확인해요. 그리고 스피드옥션 애플리케이션으로 서울, 수도권 상가 경매 물건을 검색해요. 스피드옥션은 유료 서비스인데 최근 다시 큰마음 먹고 1년치를 결제했어요. 기한이 만료되기 전에 좋은 상가를 하나라도 만나고 싶어요.

짬을 내서 집 근처 공원을 산책하거나 피트니스센터에 가서 러닝머신을 이용하기도 해요. 건강을 위해 매일 해야 하는 루틴인데 사실 이건 잘 지키기가 어려워요. 최소 주 3일은 하려고 노력하고 있어요.

이후에는 틈틈이 책을 봐요. 재테크 책을 많이 보긴 하지만 원래는 주로 고전을 읽어요. 가장 좋아하는 작가는 헤르만 헤세인데요. 머리가 복잡할 때는 직접 대형서점에 나가서 구경하기도 해요. 책 읽는 걸 좋아해서 책을 통해 정보나 아이디어를 많이 얻는 편이에요. 코로나19 전에는 도서관을 잘 이용하곤 했는데 코로나19로 문을 닫은 도서관이 늘었고, 운영하더라도 도서관은 신간 대기자가 많다는 게 단점이에요. 퇴사 후 임대소득이 생기고 나서는 읽고 싶은 책을 빌려보지 않고 맘껏 사서 보고 있어요. 아이들도 책만큼은 관대하게 사주는 편이고요.

아이들 하교 후에는 다른 주부들과 같아요. 식사를 준비하고, 청소하고, 아이들 학원을 챙기고, 공부를 봐주는 등 정신없는 하루를 보내요. 이렇게 나름 루틴을 지키면서도 딱히 생산적인 일은 없는 것 같아서 글을 쓰기 시작했어요. 처음에는 지인의 추천으로 블로그에 상가 투자 노하우와 관련된 글을 하루에 한 개씩 올렸어요. 보는 사람도 없는데 말이에요. 그러다가 이렇게 책까지 쓰게 되었네요. 책은 읽어만 봤지 제가 쓸 줄은 상상도 못했어요. 다음에 기회가 되면 문학에도 도전해보고 싶어요. 이제 모든 가능성을 열어두기로 했어요. 첫 책으로 큰 부자의 이야기가 아닌 저와 같은 생계형 부자에 대한 이야기를 쓰고 싶었어요. 큰 부자의 이야기는 너무 먼 달나라 이야기 같아요. 서울도 아니고 수도권 구축 아파트에 살면서 부자라고 우기고 싶지도 않고요.

퇴사 후 아무것도 안 하는 재충전의 시간도 물론 필요해요. 그러한 시간을 충분히 즐겼다면 꼭 자신만의 루틴을 만들기 바랍니다. 퇴사 전에 특별한 계획이 없더라도 너무 걱정하지 마세요. 시간이 지나니 자기 할 일은 다 알아서 찾게 되더라고요. 걱정한 것보다 잘 지내고 있고, 솔직히 오히려 퇴사 후의 삶이 더 나은 것 같아요. 퇴사할 용기가 없었는데 새로운 기회의 문을 열어준 회사에 감사해요. 우물 밖에 나와 보니 더 밝고 넓고 좋은 세계가 있다는 걸 알게 되었어요. 좀 더 일찍 나올 걸 후회될 정도예요. 퇴사를 준비하거나 혹은 이제 막 퇴사했다면 이 글을 읽고 조금이나마 막연한 불안감을 떨쳐내길 바랍니다.

다시 본론으로 돌아와서 저는 루틴을 잘 지켰고, 그 루틴을 바탕으로 여러 부동산에 투자해 소소한 성과를 거둘 수 있었어요. 아파트 갭투자부터 상가 매수까지 제 투자를 다시 요약하면 다음과 습니다.

1. 첫 갭투자

첫 갭투자에서 큰 이익을 실현했어요. 물론 팔지 않고 보유했다면 더 큰 상승이 있었겠지만 이때 이익을 실현하지 않았더라면 상가 투자는 생각도 못했을 겁니다.

2. 수익형 부동산 투자

이익 실현 후 시세차익 상품이 아닌 수익형 부동산에 관심을 두게 되었어요. 2019년은 아파트보다 수익형 부동산이 덜 오를 때였거든요. 지금은 아파트 규제와 저금리의 여파로 수익형 부동산의 가격이 너무 많이 올랐어요. 시세차익은 기대도 안 했는데 덕분에 제 물건도 많이 올랐네요.

3. 임대수익 300만 원 달성

수익형 부동산을 사서 무노동 월수입을 계속 늘리는 중이에요. 처음에는 월 100만 원만 벌어도 소원이 없겠다 싶었는데 200만 원이 되고, 300만 원이 되니 목표가 계속 커지네요. 이제는 월 500만 원을 목전에 두고 있어요. 초보 상가 투자자라면 가장 현실적인 목표는 월 300만 원이라고 생각해요.

느끼셨겠지만 첫 이익을 실현하고 쉬지 않고 계속 재투자를 했어요. 부동산 상승장과 무관하게 그냥 계속 필요에 의해 투자를 했어요. 아파트만 투자하지 않았기에 공부가 필요했고 매번 대형서점에 나가 책을 통해 배웠어요. 주변에 수익형 부동산 투자자가 저밖에 없어서 고민을 나눌 곳이 없었는데요. 다행히 요즘에는 좋은 이웃 블로거, 카페를 통해 많은 조언을 얻고 있어요.

아파트와 상가 투자의 차이점은 아파트는 수가 늘어날수록 불안했다는 거예요. 시세가 올라도 팔지 않으면 손에 돈을 쥘 수 없으니 마음이 불안해요. 반대로 상가는 수가 늘면 늘수록 매달 수입이 늘어나니 마음이 편해요. 물론 때로는 1년 임대수입보다 아파트의 1년 시세차익이 훨씬 큰 걸 보면 저도 사람인지라 살짝 배가 아프기도 해요. 하지만 둘 다 가질 수 없으니 투자도 밸런스가 필요한 것 같아요.

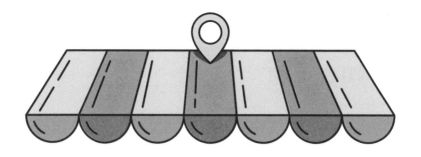

경제 공부를 통해
배움의 토대를 마련하자

저의 임대소득 목표는 월수입 500만 원이었어요. 그러나 초보 상가 투자자가 노릴 수 있는 가장 현실적인 목표는 월 300만 원이라고 생각해요. 그럼 목표를 달성하기 위해 어떤 노력이 필요할까요? 구체적인 방법론을 다루기에 앞서 투자의 토대가 되는 기초적인 배경지식부터 키울 필요가 있습니다. 주변에 투자에 조예가 깊은 고수가 있다면 직접 가서 배우면 되지만 그렇지 않다면 스스로 발품을 파는 수밖에 없어요. 가장 쉬운 방법은 경제신문을 구독하고 블로그, 카페 등 여러 커뮤니티를 통해 투자 멘토를 찾는 것입니다. 하나씩 알아볼게요.

📍 경제신문과
투자 멘토 찾기

저는 경제신문을 종이신문으로 구독해서 매일 읽어요. 한 4년 간은 〈매일경제〉를 읽었는데 최근에는 〈한국경제〉가 구성이 더 좋은 것 같아서 구독하는 신문을 바꿨어요. 시야를 넓히기 위해서라도 신문사를 바꿔가며 읽는 게 좋은 것 같아요. 물론 종이신문이 아니라 인터넷으로도 기사를 볼 수 있지만 그러면 원하는 기사만 읽게 되더라고요.

전 신문에서 여러 가지 힌트를 얻어요. 주식, 부동산, 대출, 무역, 환율 등 다양한 정보를 얻을 수 있어서 좋아요. 특히 퇴사 후에는 교류하는 사람이 적어지니까 신문이 꼭 필요하더라고요. 일할 때는 현장에서 보고 듣는 게 많았는데 육아만 하니 그런 부분이 아쉬워요.

꼭 모든 지면을 다 읽을 필요는 없어요. 지루하거나 관심 없는 건 제목만 빠르게 훑고 넘어가도 좋아요. 그러다 '이런 게 있었나?' 싶은 건 오려두고 다시 봐요. 블로그를 시작한 뒤로는 좋은 정보는 따로 정리해서 블로그에 올리고 있어요. 이렇게 기록을 해두면 기억에도 오래 남고 나중에 다시 찾아보기도 좋아요.

직장에 다닐 때는 사람을 많이 만나게 되니 여기저기서 주워듣는 정보가 많았어요. 그때는 그게 일상이라 소중한지 몰랐는데 퇴사하고 나니 참 아쉽더라고요. 하다못해 점심시간에 밥 먹으면서 누가 어디에 집을 샀다더라, 누가 어디로 이사를 갔다더라 하는 사소한 얘기도 다 좋은 정보였어요. 연예인을 세입자로 둔 직장동료도 있었고요. 더 재미있는 건 전세를 살던 그 연예인이 결국 그 집을 샀대요. 아파트를 팔고 일찍부터 땅을 사서 다가구주택을 신축한 동료도 있었고, 본인이 살던 동네의 재개발 물건을 과감히 피를 얹어 산 동료도 있었고요. 지금 생각하면 너무 신기한데 전세를 살면서 집은 안 사고 비트코인만 모으는 동료도 있었어요. 당시에는 비트코인이 300만 원대였는데 아직 안 팔았다면 그 친구가 진정한 위너일 겁니다.

동료들과 교류하며 얻은 이런저런 정보를 떠올리면 퇴사 후 잃은 게 월급만은 아닌 것 같아요. 또 육아만 하다 보니 사람을 만나 봤자 같은 처지의 동네 엄마들이 다예요. 직장맘은 시간이 없어서 못 만나고, 전업맘은 만나도 대화의 레퍼토리가 항상 비슷해요. 그래서 따로 노력하지 않으면 좋은 정보를 얻기가 힘들어요.

다행히 요즘은 본보기가 되는 블로거가 많아요. 이들의 글을 공부하고, 댓글을 달고, 조언을 구하기도 해요. 얼굴 한 번 본 적 없지만 이들이 제 투자 멘토입니다. 투자를 하면서 자만하거나 주저하게 될 때 그들의 글을 읽으면 초심으로 돌아가게 되고 용기를 얻게 되더라고요. 서로 인사이트를 주고받으면서 독려하기도 하고요. 주변에 좋은 멘토가 있다면 더할 나위 없이 좋겠지만 그렇지 않다고 해서 실망할 필요는 없어요. 저처럼 블로그, 카페 등 여러 커뮤니티를 통해 자신에게 맞는 멘토를 찾으면 됩니다.

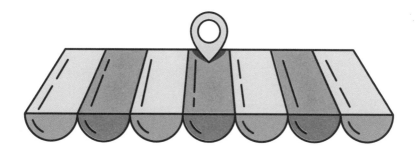

상가 투자
절차와 세금

이번에는 상가 투자 절차에 대해 알아볼게요. 상가 투자 절차는 크게 11단계로 구분됩니다.

1. 물건 찾기

제일 먼저 인터넷, 애플리케이션, 발품 등을 통해 마음에 드는 물건을 찾아요. 이 중 제일 현실적인 방법은 네이버 부동산으로 매물을 찾는 겁니다. 저 역시 대부분 네이버 부동산을 통해 물건을 찾았어요.

2. 공인중개사무소에 연락하기

원하는 물건을 발견하면 담당 공인중개사에게 전화하고 만날 약속을 정해요.

3. 감정가와 대출 확인하기

최종적으로 매물이 마음에 들면 금융권에 감정가와 대출 가능 금액, 대출 이자를 알아봐요. 감정가는 매매가를 넘어서지 않으면서 최대한 매매가에 근접하게 받는 게 중요해요. 상가 대출은 주거래 은행도 소용없어요. 여기저기 알아봐서 대출이 최대한 많이 나오고, 이율이 좋은 곳을 택하면 됩니다. 저는 개인적으로 담당 공인중개사무소에서 소개해준 금융권이 제일 낮더라고요.

일반적으로 구분상가는 감정가의 50~70% 대출이 가능하고 건물은 케이스에 따라 달라요. 참고로 상가는 RTI(Rent To Interest)를 적용해요. RTI란 '임대업이자상환비율'로 담보가치 외에 임대수익으로 어느 정도까지 이자 상환이 가능한지 산정하는 지표를 뜻해요. RTI를 계산하는 식은 다음과 같습니다.

$$RTI = (상가\ 가치 \times 임대수익률) / (대출금 \times 이자율)$$

매수자가 직접 사업을 하거나, 분양상가를 사거나, 상가 외 근로소득이 있다면 대출 계산은 또 달라져요. 또 경매의 경우 대출이

70~90%까지 가능해요. 경락대출은 법원 근처에서 나눠주는 법무사의 대출명함을 보고 연락해보는 게 좋아요.

4. 매매계약 이후 임대사업자등록증 신청하기

매매계약을 진행했다면 상가 소재지 관할 세무서에 가서 임대사업자등록증을 신청해요. 국세청 홈택스(www.hometax.go.kr)에서 인터넷 신청도 가능한데 저는 세무서에 직접 갔어요. 그 이유는 임대사업자용 보안카드 발급 때문이에요. 임차인에게 매달 전자세금계산서를 발행하려면 임대사업자용 보안카드나 은행에서 발급한 임대사업자용 공인인증서가 있어야 해요. 임대사업자용 보안카드는 한 번 발급받으면 상가 매도 시까지 사용 가능하지만 임대사업자용 공인인증서는 매해 갱신해야 하는 번거로움이 있어요. 상가 매매계약서를 가지고 관할 세무서에 가서 임대사업자등록증과 임대사업자용 보안카드를 한 번에 발급받고 오는 것이 편해요. 임대사업자등록증이 있어야 대출이 가능하므로 계약 후 빨리 다녀오는 게 좋아요.

5 화재보험 가입하기

은행에서 대출 시 상가 질권 설정을 위해 화재보험 가입을 요구해요. 따로 가입하기 번거롭다면 은행을 통해서 화재보험사를 소개받아도 됩니다.

6 잔금 후 등기하기

요즘은 법무통과 같은 애플리케이션을 통해 등기 시 필요한 법무사 비용도 미리 견적을 받아볼 수 있어요. 잔금 전에 법무사에게 법무통 가격에 맞춰달라고 말해놓으면 편해요(최근에 이런 애플리케이션 때문에 법무사들의 수익이 많이 줄었다고 하네요). 대출 알선 법무사는 수수료로 비용이 약간 더 드는데 이건 어쩔 수 없어요. 사람이 하는 일이니 서로 좋게 타협해서 마무리하는 게 좋아요.

7. 임차인 정보 요구하기

등기가 완료되면 임차인에게 문자로 사업자등록증 사본과 이메일 주소를 요청하세요. 내 임대사업자등록증도 확인차 문자로 보내주면 확실해요. 전자세금계산서 발행 시 사업자등록증에 기재된 임차인 정보가 필요해요.

8. 임차인에게 관련 정보 전하기

저는 등기증이 발급되면 첫 임대료 입금일 오전에 임차인에게 아래와 같이 문자를 발송해요.

'안녕하세요, 새로운 임대인입니다. 오늘 첫 임대료 입금일인데 계좌번호 확인차 문자 보내드립니다. ○○은행 000-00000-0000 예금주 ○○○입니다. 앞으로 잘 부탁드립니다.'

이렇게 문자를 보내두면 두 가지 효과가 있어요. 하나는 변경된 임대인의 새 계좌를 정확히 알려줄 수 있고, 다른 하나는 첫 임대료부터 잘 납부해달라는 의미를 전달할 수 있어요. 경험상 첫 임대료를 제날짜에 잘 납부하는 임차인이 끝까지 임대료를 잘 내더라고요. 처음부터 보증금을 깎으려 하거나 가격을 협상하려 하는 임차인은 그냥 들이지 않는 게 상책이에요. 계속 속 썩일 수 있어요(보통 그런 임차인은 나가지도 않고 계약 기간도 연장하려고 해요).

참고로 인수한 상가의 기존 임차인은 대부분 임대료가 후불인 경우가 많아요. 그러니 중간에 기존 임차인과 계약이 만료되면 공인중개사에게 물건을 내놓을 때 미리 말해 임차료를 선불로 계약하는 게 좋아요. 임대인 입장에서는 후불보다는 선불이 관리하기 편하니까요.

9. 전자세금계산서 발행하기

매달 초 전자세금계산서를 국세청 홈택스를 통해 발행해요. 저는 국세청 홈택스를 이용할 때마다 너무 감동해요. 집에서 혼자서 쉽게 처리할 수 있도록 시스템이 잘 만들어져 있어요.

10. 매해 1월, 7월 부가세 신고 및 납부하기

전자세금계산서와 마찬가지로 부가세 신고 및 납부도 국세청 홈택스를 통해서 이뤄집니다. 10% 부가세는 임대료를 받을 때 다른 통장에 따로 모아두는 게 좋아요. 부가세는 어차피 '내 돈'이 아니고 '낼 돈'이에요. 남겨두지 않고 다 쓰면 나중에 부가세를 납부할 때 낭패를 볼 수 있어요. 이게 모이면 제법 크거든요. 가끔 인터넷에서 부가세 신고를 세무사에게 맡긴다는 글을 보면 아타까워요. 그러지 마세요. 해보면 생각보다 너무 쉬워요. 인터넷에 방법을 검색해서 그대로 따라 하면 됩니다. 저는 그 과정을 프린트 해놓고 매번 할 때마다 보면서 해요.

11. 종합소득세 신고하기

임대소득이 발생한 그다음 해 5월에 종합소득세를 신고하는데요. 처음에는 저도 그냥 세무사에게 맡겨야지 했는데 결국 세무사에게 정확한 정보를 넘기려면 제가 잘 알아야겠더라고요. 또 나중에 상가 수가 늘어나면 세무 관련 비용도 만만치 않게 늘어나게 됩니다. 직접 할 수 있으면 직접 하는 게 좋아요.

국세청에 전화해서 방법을 물어봐도 좋고, 직접 인터넷에 방법을 검색해서 따라 해도 좋아요. 사실 세무사라고 해서 모든 일을 실수 없이 완벽하게 해내는 건 아니에요(워낙 많은 일을 5월에 처리해야 하니까요). 설사 맡긴다고 해도 본인도 어느 정도는 알고 있어야 해요. 직접 하기로 마음먹었다면 종합소득세 신고 준비는 조금씩 미리 해놓는 게 좋습니다. 5월에 하면 너무 급하거든요.

상가 투자 시 알아야 할 세금들

추가로 상가는 세금도 주택과 달라서 좀 더 진입장벽이 있는 편이에요. 이럴 때는 그냥 단순하게 접근하는 게 제일 좋아요. 마음에 드는 상가 물건을 발견하면 그것 위주로 공부하면 됩니다. 단기간에 모든 유형의 세금을 달달 공부할 수는 없으니까요. 또 상가는 아파트처럼 하루아침에 팔리거나 하지 않으니까 시간적인 여유가 좀 있는 편이에요.

최근에는 부동산 정책이 자주 바뀌어서 세무사도 골머리를 앓는 상황이에요. 상가의 세금이 복잡하게 느껴지는 이유는 우선 그 종류가 많기 때문이에요. 머리 아프게 모두 알려고 하지 말고 자신에게 해당되는 것만 챙기면 됩니다. 종류를 간략히 구분하면 다음과 같아요.

1. 건강보험료

상가를 사면 무조건 지역가입자가 됩니다. 직장에 다닐 때는 몰랐는데 지역가입자의 경우 건강보험료가 의외로 큰 부담이에요. 퇴사 후 3년까지는 직장에 다녔을 때 냈던 건강보험료로 임의가입이 가능하니 일단 이걸 무조건 활용해야 해요.

2. 국민연금

상가를 사면 국민연금도 납부해야 해요. 국민연금공단에서 가입 시기를 조금 늦추거나 금액적인 부분도 조정이 가능해요.

3. 재산세

매해 7월에는 건물분 재산세가 나오고, 9월에는 토지분에 대한 재산세가 나와요.

4. 부가세

일반과세자로 임대사업자를 내면 임대료의 10%가 부가세로 나와요. 이건 임차인에게 받아서 납부하면 됩니다. 받아서 잘 모아 뒀다가 1월, 7월에 신고 및 납부하세요.

5. 종합소득세

어떻게 보면 종합소득세야말로 상가 세금에 있어서 가장 중요한 부분이에요. '연소득 2,400만 원 미만'이라면 단순경비율 41.5%가 적용됩니다. 이 경우 따로 종합소득세를 신고하지 않아도 집으로 고지서가 날라오니 가장 편해요. 그냥 재산세처럼 납부하면 됩니다. '연소득 2,400만 원 이상~7,500만 원 미만'이라면 간편장부 대상자입니다. 이 경우 연소득이 4,800만 원 미만이라면 기준경비율이 가능해요(기준경비율은 업종마다 다르므로 국세청 홈택스 확인이 필요합니다).

문제는 '연소득 7,500만 원 이상'에 해당하는 경우입니다. 이 경우 복식장부 대상자입니다. 복식장부 대상자는 종합소득세 절세 방안에 대해 생각해둬야 해요. 근로소득자가 상가를 살 경우 '근로소득+임대소득'으로 종합소득세 폭탄을 맞을 수 있어요. 참고로 저처럼 임대소득만 있는 임대소득자는 사실 건강보험료, 재산세, 국민연금, 대출 이자, 화재보험료를 빼면 특별히 종합소득세에서 소득공제할 게 없어요(혹시 수리를 했으면 수리비 정도는 공제가 가능해요). 그래서 저는 세액공제가 가능한 IRP에 가입했어요.

6. 종합부동산세

종합부동산세는 토지 공시지가 80억 원 이상만 과세되므로 해당자가 아니라면 신경 쓰지 않아도 됩니다. 저도 종합부동산세를 고민해보고 싶네요.

7. 교통부담유발금

교통 혼잡을 줄이기 위해 교통을 방해하는 원인을 제공하는 시설물에 대해 부과하는 경제적인 부담금입니다. 원인자 부담금으로 예외가 있지만 일반적으로 300평 이상 건물에 적용된다고 하네요. 관리비에 포함해 임차인이 내는 경우도 있다고 해요.

소개한 일곱 가지 세금 외에도 층고에 따라서 다른 세금이 추가될 수 있어요. 저처럼 1~2층 상가만 소유했다면 이 7개 세금만 살펴보면 됩니다.

상가 투자 절차와 세금에 대해 간략히 살펴봤습니다. 어떤가요? 많이 복잡한가요? 구더기 무서워서 장 못 담글까요? 복잡하다고 생각하지 말고 도전해봅시다.

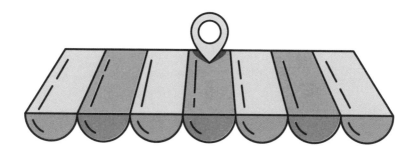

일반과세자 vs. 간이과세자

임대료가 비교적 작은 상가를 산다고 가정해봅시다. 일반과세자가 나을까요, 간이과세자가 나을까요? 실제로 상가 계약 후 관할 세무서에 임대사업자등록증을 신청하러 가면 "일반인가요, 간이인가요?" 하는 질문을 받게 됩니다. 이때 상가를 포괄양수도(현재 임대차 계약까지 조건 그대로 승계하는 것)로 계약했다면 선택의 여지가 별로 없어요. 매도자가 일반과세자라면 매수자 역시 일반과세자가 되고, 매도자가 간이과세자라면 매수자 역시 간이과세자가 됩니다.

저는 첫 상가의 경우 매도자가 일반과세자였고, 사업하고 있는 임차인도 일반과세자여서 따로 고민할 필요 없이 일반과세자로 결정했어요. 어차피 부가세 10%는 임차인이 저에게 납부하니까요. 저는 그것을 모아서 나라에 내고, 임차인은 그걸 다시 환급 받아요.

◉ 유불리를 따져
판단해야

일반과세자, 간이과세자 기준은 직전년도 공급대가 합계액 4,800만 원 미만에서 8천만 원 미만으로 상향 조정되었어요. 2020년 공급대가가 8천만 원 미만이라면 2021년 7월부터 간이과세가 적용되는 것이지요. 하지만 부동산 임대사업자는 기존과 동일하게 직전년도 공급대가 합계액이 4,800만 원 미만이라면 간이과세자에 해당해요. 저도 물론 연매출액(임대료+간주임대료로 계산한 보증금)만 따지면 처음에는 간이과세자였어요. 그런데 실제로 제 상가 임차인 중 간이과세자는 딱 한 분만 계세요. 그분은 어쩔 수 없이 납부한 부가세를 환급 받을 수 없지만 제가 일반과세자라 부가세 10%를 따로 납부하고 계세요. 임차인은 환급 받지 못하더라도 저는 일반과세자라서 그걸 잘 모아서 매해 1월과 7월에 신고 및 납부하고 있어요.

일반과세와 간이과세의 가장 큰 차이점은 부가세 납부 금액이에요. 일반과세는 깔끔하게 공급가액의 10%지만 간이과세는 공급

월 500 임대료 받는 엄마의 상가 투자 시크릿

일반과세자 vs. 간이과세자

구분	일반과세자	간이과세자
기준	직전년도 공급대가 합계액이 4,800만 원 이상	직전년도 공급대가 합계액이 4,800만 원 미만
매출세액	공급가액×10%	공급가액×업종별 부가가치율×10%
납부 의무 면제	없음	직전년도 공급대가 합계액이 3천만 원 미만인 경우(2021년 7월부터 4,800만 원 미만으로 상향 조정) 해당. 신고는 해야함
세금계산서 발행	의무 발행	발행 불가

*부동산 임대사업자 기준

가액에 업종별 부가가치율을 곱하고 거기에 10%를 곱해요. 확인해보니 부동산 임대사업자의 경우 간이과세자의 부가세는 3%네요. 부동산 임대사업자의 경우 간이과세자라면 직전년도 공급대가 합계액이 3천만 원 미만이라면 부가세 납부가 면제되고요(기존까지는 3천만 원 미만이었는데 2021년 7월부터 상향 조정되었어요). 그리고 부동산 임대사업자의 경우 간이과세자는 세금계산서도 발행 불가입니다. 2021년부터 간이과세자 기준은 8천만 원 미만으로 상향 조정되었는데, 부동산 임대사업자는 간이과세자 기준이 여전히 4,800만 원 미만이에요.

전 일반과세자라서 매달 국세청 홈택스에서 전자세금계산서를 발행하는데 너무 편해요. 매해 1월, 7월 부가세를 신고하고 납부할 때도 제가 입력한 자료가 그대로 국세청 홈택스에 자동 반영되어서 쉽게 처리가 가능해요. 종합소득세 신고 시에도 제가 입력한 자료가 다 뜨니 참 편하더라고요. 저는 임대소득만 있으니 종합소득세 신고도 셀프로 처리하고 있어요. 하지만 임대소득 외에 근로소득이나 사업소득이 따로 있으면 조금 복잡해서 세무사의 도움이 필요할 수 있어요.

임차인이 일반과세자라면 임대인도 일반과세자로 납부를 진행해야 해요. 임차인이 납부한 부가세를 임차인이 다시 환급 받아야 하니까요. 사실 일반과세가 관리하기 수월한 부분도 있어요. 임차업종이나 임차인이 계속 바뀔 건데 미래의 임차인이 간이과세자일지, 일반과세자일지 알 수 없으니까요. 그냥 포괄적인 일반과세자로 진행하는 게 나을 수 있어요. 또 임차인과 임대인의 사업자 유형이 다를 경우 부가세 납부 환급 문제로 가끔 이면계약을 맺는 경우도 있는데요. 저는 그런 이면계약은 안 하는 게 낫다고 생각해요. 큰 금액도 아니고 앞으로 임대사업을 쭉 할 건데 이런 작은 일을 복잡하게 처리할 필요가 있을까요? 임차인 마음이 언제 돌아설지도 모르고요. 세금은 얼마가 되었든 투명하게 납부하는 게 좋아요. 괜히 얼마 되지도 않는 돈 때문에 일이 꼬이면 머리만 아프니까요.

상가를 추가로 매수할 계획이 있다면 마음 편하게 일반과세자로 진행하는 게 좋습니다. 상가를 더 살 계획이 없고 임차인도 간이과세를 희망한다면 일단 간이과세자로 진행하고, 나중에 매출액이

커진 다음에 일반과세자로 전환하는 방법도 있어요. 현재 임차인이 간이과세자이고 이후에 들어올 임차인도 간이과세자만 받겠다면 임대사업자를 낼 때 간이과세자로 내도 좋고요.

결국 간이과세자, 일반과세자를 택하는 문제에는 정답이 없어요. 각자의 상황과 여건, 판단에 따라 유불리를 따져 자신에게 맞는 걸 선택하면 됩니다. 사족이지만 사실 뭐로 하느냐는 크게 중요하지 않아요. 여기서 엄청난 세금 차이가 나지도 않고요. 국세청에서도 일반과세자, 간이과세자에 대한 부분을 다음과 같이 명시했으니 참고하세요.

'간이과세자인 경우에는 납부 의무 면제나 업종별 부가가치율 적용으로 세부담이 줄어드는 건 사실입니다. 하지만 시설 투자에 대한 환급이나 매입세액공제 초과에 대한 환급은 받으실 수 없습니다. 일반과세자만 할 수 있는 업종들이 있기 때문에 각각의 상황에 따라 간이과세자가 유리할 수도 있고 일반과세자가 유리할 수도 있습니다. 그러니 스스로 슬기롭게 결정하는 게 중요합니다.'

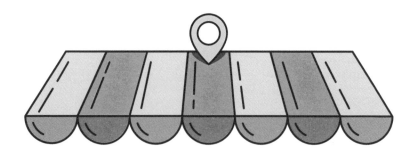

투자 물건
분석 노하우

상가를 처음 매수할 때도 그렇고, 지금도 그렇고 저는 물건을 분석할 때, 살 때 타인의 의견을 물어요. 아파트와 달리 상가는 리스크가 크게 느껴져서 마음이 불안하더라고요. 어느 날 A상가를 발견한 저는 이렇게 조언을 구했어요.

"이 물건 어때요? 위치는 괜찮아 보여요? 매수해도 될까요?"

마음에 드는 상가를 발견하면 저는 이런 식으로 주변에 묻곤 해요. 첫 대상은 당연히 배우자예요. 배우자는 본인이 잘 아는 지역이기도 하고, A상가의 주변 상권이 나빠 보였는지 이렇게 부정적으로 대답해요.

"여기 내가 10년 전부터 알던 곳이야. 사람들 잘 안 다녀서 별로야."

그러면 불안한 마음에 다시 확인하고자 관련 커뮤니티에 글을 올려요. 아직 매수한 게 아니라서 A상가의 사진도 안 올렸는데, 숨어 있던 고수가 나타나 설명만 듣고 어디인지 족집게처럼 알아내요. 혹여 물건을 뺏길까 등골에 식은땀이 흘렀지만 기우였어요.

'거기 ○○이지요? 제가 잘 알아요. 역세권이지만 사람들의 주동선에서 벗어난 곳이에요. 거기 사면 분명 후회해요. 수익률이 그렇게 좋은 건 다 이유가 있어요. 들어가면 못 팔아요.'

그분은 진심으로 제가 걱정되었는지 1:1 채팅으로 자세한 설명까지 덧붙여요. 정말로 A상가와 주변 상권에 대해서 잘 알고 있더라고요.

A상가뿐만 아니라, 2층 상가를 매수한 후 같은 건물 1층 상가인 B상가를 매수할 때도 주변 친한 지인에게 조언을 구했어요. 지인은 B상가에 대해 이렇게 말해요.

"너무 집중투자 아니야? 분산투자를 해야 리스크가 줄지. 같은 지역에서 또 사면 어떡해."

친구는 진심으로 절 걱정해서 해준 말이었어요. 저라도 그렇게 말했을 거예요. 그러나 결과적으로 A상가, B상가에 대한 주변 사람들의 조언은 모두 틀렸어요.

A상가는 우려대로 유동인구가 적었지만 예약제로 운영되고 있어서 매출이 잘 나왔어요. 지나가다 들리는 방문객은 적었지만 손님은 끊이질 않았던 것입니다. 예약제로 운영되는 곳은 역세권이어야 하고 주차장도 풍부해야 해요. 즉 찾아가기 쉬워야 유리해요. 그런 면에서 A상가는 금상첨화였어요. 물론 잘 노출된 대로에 위치해 방문객이 많은 물건은 임대료가 A물건보다 60% 이상 비싸요. 하지만 A상가는 실력 좋은 임차인이 예약제로 운영해 저렴한 임대료를 바탕으로 매출을 만드는 곳이었어요. 무엇보다 A상가는 매매가가 저렴하다는 장점이 있었어요. 그만큼 수익률이 좋은 물건이었던 겁니다.

B상가는 앞서 잠깐 소개한 제가 두 번째로 매수한 상가예요. 코로나19에도 불구하고 달을 넘기지 않고 임대료가 꼬박꼬박 잘 들어온 효자 물건이지요. 지금도 저희 가계에 큰 보탬이 되고 있어요.

사실 어느 정도 위험을 감수하지 않으면 그 어떤 상가도 살 수 없어요. 시간이 흐른 뒤 과거에 분석한 물건들을 돌아보면 제 생각이 거의 다 맞더라고요. 좋다고 생각한 물건은 꾸준히 수익률이 좋고 매매가도 많이 오른 반면, 나빠 보인 물건은 수익률도 매매가도 지지부진했어요.

결국 결정은 내가 해야 해요. 주변의 조언을 무시하라는 뜻이 아니에요. 그들의 목소리를 경청하되, 나보다 내 물건에 대해 더 잘 아는 사람은 없다는 걸 명심해야 해요. 그들은 저처럼 거길 수시로 가보지 않았어요. 또 저처럼 그 인근 시세를 샅샅이 알아보지 않았고요. 그들은 저처럼 인근 공인중개사무소를 일일이 돌아다니며 알아보지 않았어요. 저보다 덜 확인했고, 덜 가봤어요. 당연히 제 판단이 더 정확할 수밖에 없었던 것입니다.

마찬가지로 여러분이 분석한 투자 물건은 다른 전문가보다 여러분이 제일 잘 알아요. 철저히 분석했다면 자신감을 갖고 밀어붙이는 용기가 필요합니다.

◉ 디스코
활용하기

네이버 부동산에서 마음에 드는 ˙싱가 내물을 발견하면 저는 제일 먼저 디스코 애플리케이션을 열어요. 디스코는 상업용 부동산 정보를 제공하는 서비스입니다. 직방, 호갱노노 등 주거용 부동산

▲ 네이버 부동산에서 임의로 찾은 상가 정보

정보 플랫폼의 상업용 부동산 버전이라고 생각하면 이해가 쉬운데요. 상업용 부동산의 위치, 거리뷰, 실거래가 등을 확인할 수 있어요. 이걸로 일단 대략적인 정보를 파악한 후 조건이 괜찮다 싶으면 현장으로 달려가요.

예를 들어 네이버 부동산에 검색해서 다음과 같은 상가를 찾았다고 가정해봅시다. 신방화역에 있는 8층, 매매가 5억 5천만 원, 계약면적 52.45평, 전용면적 29.52평, 보증금 3천만 원, 임대료 170만원 매물이에요. 네이버 부동산에 따르면 수익률은 3.92%네요. 겉으

월 500 임대료 받는 엄마의 상가 투자 시크릿

▲ 디스코 애플리케이션에서 상가 주소를 검색한 화면

로 드러난 정보만 보면 8층 상가의 수익률치고는 너무 적은 편이에요. 계약면적은 분양면적이라고도 하며, 내가 실제로 사용하는 전용면적 외에 공용 부분(복도, 엘리베이터, 주차장 등)까지 포함한 면적이에요. 보통 전용면적의 2배가 계약면적(분양면적)이라고 생각하면 편해요.

만일 물건이 마음에 들면 그다음엔 주소를 확인해요. 대부분은 건물명만 치면 나오고요. 주소를 모르면 공인중개사무소에 문의하면 됩니다. 주소가 확인되면 디스코에서 검색해요.

디스코 애플리케이션에서 주소로 검색하면 거리뷰를 포함한 다양한 정보가 나와요. 층별 입주업종부터 건물이 지어진 시기, 면적 및 층에 따른 실거래 내역 등이 나와요. 아주 유용해요. 실거래가 부분을 클릭하면 평수별 실거래가가 떠요. 그런데 찾아보니 우리가 찾은 8층 전용면적 29.52평 매물의 실거래가가 나오지 않더라고요. 8층인데 전용면적이 조금 작거나, 평수는 같은데 층수가 다른 매물만 나와요. 일반적으로 상가는 고층으로 갈수록 가격이 내려가요. 우량 임차인이 장기 계약했다면 조금 변수가 있지만 8층 정도의 고층이면 큰 변수는 없어요. 그렇기에 직접적으로 내역을 확인할 수 없다면 나름대로 기준을 세워서 유추하면 좋을 것 같아요.

전용면적 29.52평의 경우 3층, 6층, 10층 물건의 실거래가만 나와 있어요. 우리가 찾은 물건은 8층이잖아요? 만약 거래일이 비슷하다면 일반적으로 8층 물건은 3층, 6층 물건보다는 저렴하고 10층 물건보다는 비슷하거나 비싸야 해요. 정확한 직전 매매가를 알고 싶다면 등기를 보면 됩니다. 아니면 공인중개사무소에 전화해서 호수를 콕 집어 물어보거나 직접 방문하는 수밖에는 없어요.

디스코 애플리케이션은 평형별로 실거래가가 나와서 유용해요. 국토교통부 실거래가도 유용하지만 수익형 부동산을 볼 때는 디스코 애플리케이션이 정말 좋더라고요. 같은 건물, 같은 평형이나 다른 건물, 다른 평형에 따라 가격대 비교가 쉬워요. 인근 상가 물건의 실거래가 조회도 가능하니 다방면으로 활용도가 높아요.

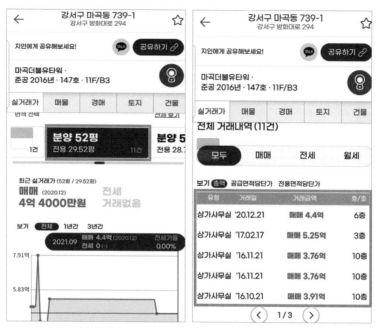

▲ 디스코로 확인한 전용면적 29.52평의 3층, 6층, 10층 실거래가 정보

♀ 네이버 부동산 활용하기

네이버 부동산도 정말 활용하기 쉬운 애플리케이션인데요. 네이버 부동산 애플리케이션을 통해 원하는 지역을 찾아봅시다. 예를 들어 '장안동'으로 검색해볼게요. 검색하면 여러 선택지가 나오는데 수익형 부동산의 경우 매물 유형은 '상가' '사무실'을 고르고, 만약 꼬마빌딩을 사고 싶다면 '건물'을 선택하면 됩니다.

▲ 네이버 부동산에서 가격대(왼쪽), 평수(왼쪽) 조건을 입력하는 화면

그다음 '매매' '전세' '월세' 중 '매매'를 선택한 후 적용을 누르면 가격대와 평수를 고를 수 있어요. 가격대를 고르는 화면에서 3억 원대 이하, 평수를 고르는 화면에서는 20평대 이하로 검색할게요. 이렇게 원하는 조건을 입력하면 조건에 부합하는 상가들이 쭉 나와요. 그럼 확 압축이 되겠지요?

조건이 세세할수록 노출되는 매물의 수가 더 압축됩니다. 가벼운 마음으로 그냥 들어가서 보면 됩니다. 살펴보니 장안동 일대에는 조건에 맞는 물건이 대략 10곳 정도 되네요. 저는 이런 식으로

월 500 임대료 받는 엄마의 상가 투자 시크릿

▲ 네이버 부동산으로 찾은 상가 매물

매일 습관처럼 손품을 팔아요. 언제 좋은 물건이 급매로 나올지 모르니까요.

등기부등본과
건축물대장을 확인하세요

네이버 부동산에서 마음에 드는 상가를 발견한 다음에는 디스코 애
플리케이션으로 쓱 훑어요. 그다음에는 등기부등본과 건축물대장
을 확인해야 합니다.

📍 등기부등본
확인하기

등기부등본을 통해 채권최고액(채무)도 확인하고 매매내역도

▲ 대법원 인터넷등기소에서 등기부등본을 열람할 수 있다.

확인해요. 기타 가압류, 경매 등 권리관계도 볼 수 있어요. 등기부등본만 꼼꼼하게 잘 확인해도 리스크를 크게 줄일 수 있어요. 미리 확인하고 가면 공인중개사와 상담할 때도 편해요. 등기부등본을 미리보고 왔다고 이야기하면 공인중개사도 무시하지 못해요. 또 매도인의 매도 사유도 꼭 물어봐야 합니다(매도인의 상황이 급하면 가격 협상 시 유리하니까요).

매도인의 연령대와 주소도 봐요. 매도인이 상가 인근에 사는지, 타지에 사는지 확인해요. 개인적으로 매도인의 연령대가 좀 높고 타지에 살면 가격 협상이 수월했어요. 연령대가 낮거나 상가 근처에 사는 분이라면 협상이 어려웠고요. 아무래도 상권을 속속들이 잘 아니까요.

등기부등본을 확인하는 방법은 간단해요. 대법원 인터넷등기소(www.iros.go.kr)에서 비회원으로 조회할 수 있어요. 건당 700원이기는 한데 아깝지 않다고 생각해요. 저는 매수 대상인 상가만 보지 않고 같은 건물, 같은 층에 있는 다른 상가의 등기부등본까지 모두 결제해서 함께 비교해요. 대충 최대 1만 원 정도 쓴다고 생각하면 마음이 편해요. 면적을 확인하고, 같은 면적 대비 상가의 매매가도 비교하고, 손바뀜 주기 등도 살펴요. 혹 동일한 주인이 다른 상가를 가지고 있는지도 보고요.

다른 상가의 경우 호수를 알아야 등기부등본을 조회할 수 있어요. 저는 임장을 가면 건물에 들어가서 우편함 사진부터 찍어요. 우편함에 호수와 상호명이 대부분 나와 있거든요. 또 층별 공실 확인을 위해 건물 내에 있는 층별 안내간판을 확인해요. 엘리베이터 안에 있는 층별 안내판도 찍어요. 그럼 어떤 업종이 얼마나 들어와 있는지 관련 현황을 확인할 수 있어요. 그 지역 공인중개사에게 물어보는 방법도 있지만 저는 이렇게 직접 분석하는 게 마음이 편하더라고요.

참고로 대법원 인터넷등기소는 애플리케이션 서비스도 제공해요. 애플리케이션도 마찬가지로 비회원으로 로그인한 후 결제하고 보면 됩니다. 등기부등본은 결제 후 2~3시간만 열람할 수 있으니 참고하기 바랍니다.

월 500 임대료 받는 엄마의 상가 투자 시크릿

📍 건축물대장 확인하기

상가 매수 전에 건축물대장도 반드시 확인해야 해요. 건축물대장은 정부24(www.gov.kr)에서 온라인으로 열람 및 발급이 가능하고, 주민센터에서도 발급이 가능해요. 수수료는 500원 내외로 저렴하니 꼭 확인하세요. 공인중개사무소에서 계약할 때 확인할 수 있지만, 상가를 알아보는 단계에서 미리 살펴보는 게 좋아요.

건축물대장을 통해 불법 건축물인지 확인할 수 있어요. 건축물대장이 없는 건물은 무허가 건축물이에요. 건축물에는 다 그에 맞는 용도가 있고 건축물대장에 그 용도(주용도와 세부용도)가 나와요.

▲ 건축물대장 샘플. 주용도와 세부용도를 확인해야 한다.

용도에 맞지 않으면 매수 후에 원하는 용도로 사용할 수 없어요. 예를 들어 건축물대장 샘플처럼 주용도가 '제1종근린생활시설', 세부 용도가 '미용원'이라면 해당 상가에서 미용업을 해도 불법이 아닌 것입니다.

용도를 바꾸고 싶으면 용도 변경을 신청하면 되지만 신청한다고 용도 변경이 다 되는 건 아니에요. 용도 변경이 가능한지 꼭 미리 확인을 해야 해요. 저도 처음에는 상가만 사면 거기에서 아무 업종이다 다 해도 되는 줄 알았어요. 그런데 그렇지 않더라고요. 임대를 놓는 경우에는 대부분 공인중개사가 확인한 후 임대차를 진행하지만, 본인이 직접 매수한 상가에서 사업을 할 계획이라면 용도 변경이 가능한지 꼭 확인해야 해요.

건축물의 현재 용도가 속하는 시설군보다 상위군으로 변경할 경우 허가 대상이며, 하위군으로 변경하는 경우 신고 대상이 됩니다. 현재 건축물의 용도가 속하는 시설군과 같은 시설군 내에서 용도를 변경하는 경우에는 변경 신청만 하면 되고요. 이 책에서 용도의 세세한 종류와 허가, 신고, 변경 신청 과정을 일일이 나열하면 복잡하니 그냥 상가를 사려면 용도를 확인해야 하고, 그 용도는 건축물대장에 나와 있다는 것 정도만 기억하면 됩니다. 그것도 아니라면 용도를 확인해야 한다는 것만이라도 꼭 기억하기 바랍니다. 담당 공인중개사무소에 이 부분을 책임지고 확인시켜달라고 해도 되고요.

시설군의 종류

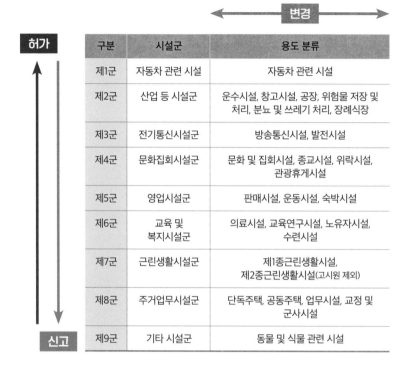

구분	시설군	용도 분류
제1군	자동차 관련 시설	자동차 관련 시설
제2군	산업 등 시설군	운수시설, 창고시설, 공장, 위험물 저장 및 처리, 분뇨 및 쓰레기 처리, 장례식장
제3군	전기통신시설군	방송통신시설, 발전시설
제4군	문화집회시설군	문화 및 집회시설, 종교시설, 위락시설, 관광휴게시설
제5군	영업시설군	판매시설, 운동시설, 숙박시설
제6군	교육 및 복지시설군	의료시설, 교육연구시설, 노유자시설, 수련시설
제7군	근린생활시설군	제1종근린생활시설, 제2종근린생활시설(고시원 제외)
제8군	주거업무시설군	단독주택, 공동주택, 업무시설, 교정 및 군사시설
제9군	기타 시설군	동물 및 식물 관련 시설

상가 관련 강의를 들은 적이 있는데 거기에서 이런 사례를 말해주셨어요. 어떤 분이 구 주민센터 자리를 경매로 낙찰 받았대요. 카페를 창업하려고요. 그런데 용도가 달라서 결국 낙찰 받고도 원하는 용도로 사용하지 못했다고 해요. 우리가 흔히 보는 상가는 대부분은 제1종근린생활시설이거나 제2종근린생활시설이에요. 식당, 베이커리, 편의점, 카페, 미용실, 학원, 피부관리숍, 약국, 떡집, 분식

점 등이 해당됩니다. 유흥주점업이나 단란주점업은 위락시설로 용도가 달라요. 너무 어렵게 느껴지시나요? 그냥 간편하게 매수 전에 '용도 확인'만 하면 된다고 생각하면 됩니다.

수익률
계산하기

상가의 수익률은 어떻게 계산해야 할까요? 제 첫 상가의 수익률을 예로 들어볼게요.

📍 상가 수익률 계산법

처음에는 수익률 계산식이 조금 어렵게 느껴질 수 있어요. 몇 번 해보면 누구나 수월하게 계산할 수 있으니 한번 따라 해보세요.

수익률 계산은 물건을 분석할 때 가장 중요한 부분이므로 익숙해질 필요가 있어요.

$$상가\ 수익률 = \{(임대료 \times 12)/(매매가 - 보증금)\} \times 100\%$$

이것도 귀찮으면 상가 수익률을 계산해주는 애플리케이션이나 관련 사이트를 이용하면 됩니다. 예를 들어 부동산계산기(부동산계산기.com) 사이트를 이용한다고 가정해봅시다.

부동산계산기 사이트에서 무대출 수익률과 대출 수익률 둘 다 계산이 가능해요. 수익률 계산은 보수적으로 해야 하니 무대출 수익률로 계산합니다. 부대비용은 취등록세 4.6%를 포함하고, 중개사비와 법무비 등은 넉넉히 6%로 잡았어요. 저는 상가 매수 시 부대비용을 항상 6%로 가정해요. 계산을 해보니 무대출 수익률이 8.1%라고 나오네요.

그렇다면 어느 정도 수익률이 적정 수익률일까요? 한국부동산원이 발표한 전국 상업용 부동산 수익률 자료를 참고하기 바랍니다. 8.1%면 굉장히 높은 편이지요? 수익률이 좋다는 건 그만큼 해당 물건의 리스크가 컸고, 비선호 지역이었다는 뜻이에요. 또 전 운이 좋았던 특이 케이스입니다. 노력하니 운도 따르네요. 매도인이 상가를 많이 갖고 계신 나이 지긋한 부자여서 협상이 수월했어요. 다른 상가의 경우 이 정도 수익률은 나오기 힘드니까 오해 없길 바랍니다.

#	적요	금액	비고
1	매매가	128,500,000	입력값
2	보증금	10,000,000	입력값
3	투자금	118,500,000	매매가 - (대출금 + 보증금)
4	월세	800,000	입력값
5	**연수익률**	**8.1%**	**월세 * 12 / 투자금 × 100**
6	부대비용	7,710,000	입력값
7	부대비용 회수 기간	9.6달	수익률이 실현되는데 걸리는 시간(설명 참조)
8	**부대비용 감안 수익률**	**7.61%**	**연수익 / (투자금 + 부대비용) × 100**
9	투자금 회수 기간	157.8개월	부채 제외, 실투자금 회수 기간
10	원금 출당 기간	171개월	보증금, 부대비용, 연·월비용 감안

▲ 부동산계산기 사이트에 조건을 입력한 화면(위)과 결과 화면(아래)

상업용 부동산 평균 수익률 (단위: %, 전년 대비: %p)

구분		2018년	2019년	2020년	2021년	전년 대비
투자수익률	오피스	7.61	7.67	6.01	8.34	+2.33
	중대형 상가	6.91	6.29	5.10	7.02	+1.92
	소규모 상가	6.35	5.56	4.62	6.12	+1.50
	집합상가	7.23	6.59	5.40	6.58	+1.18

자료: 한국부동산원

⚲ 번 돈의 합이 아닌 쓴 돈의 합이 총재산

제가 자주 방문하는 상가 투자 커뮤니티에서 다음과 같은 글을 봤어요.

'내 총재산은 번 돈의 합이 아니고 쓴 돈의 합이에요. 잘 쓰고 잘 베풀며 멋지게 삽시다.'

40대 후반까지 열심히 일하다가 50대가 되니 이젠 어느 정도 내려놓고 본인의 삶을 되돌아보며 산다는 글에 달린 댓글이었어요. 유독 저 짧은 댓글이 마음에 와 닿더라고요. 맞아요. 내 총재산은 번 돈의 합이 아니라 쓴 돈의 합이 맞는 것 같아요.

모으기만 하는 삶은 재미없지요. 수익률도, 재산 증식도 물론 중요하지만 쓸 때는 써야 한다고 생각해요. 최근에 배우자의 차가 말썽이네요. 좋은 차로 바꾸고 싶어 하는데, 열심히 산 남편을 위해 함께 좋은 차를 알아보려고 해요. 결국 행복하게 살고자 재테크를 하는 건데 안 쓰고 모으는 데만 집중하는 것은 아닌지 돌아보게 되네요. 앞으로도 잘 쓰고 잘 베풀며 멋진 삶을 살고 싶어요.

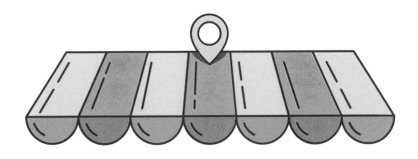

공인중개사 소재지
파악하기

상가를 검색하다 마음에 드는 물건을 발견하면 물건을 내놓은 공인중개사무소가 어디에 있는지 확인해야 합니다. 간혹 수도권 상가를 강남 등 서울 공인중개사무소에 내놓거나, 집 근처 상가를 같은 지역 다른 동에 내놓는 경우가 있어요. 아파트와 달리 상가는 그런 경우가 왕왕 있어요(드물지만 아파트도 이런 경우가 있고요).

매도인의 소재지와 물건의 거리가 멀면 장단점이 있어요. 보통 이렇게 타지에서 내놓은 물건은 매도인이 매도가 급하지 않아요. 그래서 협상이 어려울 수 있어요. 하지만 공인중개사가 물건과 멀리 떨어져 있어서 지역 시세에 눈이 어둡다는 장점도 있어요. 아무래도 타지에 있으면 그 지역 상황을 모를 수 있어요. 즉 적정 임대료 등을 잘 모르는 경우가 많아요. 정말 좋은 물건이라면 적극적으로 가격 흥정을 해야 해요. 어차피 공인중개사는 물건과 물건지에 대해 잘 몰라서 가격만 맞으면 성사시키려고 노력해요.

📍 공인중개사 소재지 파악하는 방법

예를 들어볼게요. 네이버 부동산에서 임의로 '장안동 상가'를 검색했어요(전 장안동하고 아무 상관없어요). 서울 장안동에서 마음

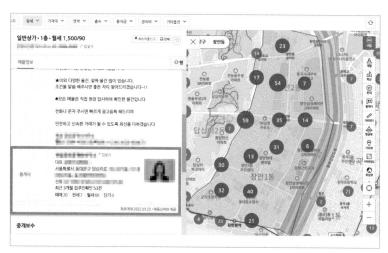

▲ 네이버 부동산을 통해 물건을 내놓은 공인중개사무소를 확인할 수 있다.

에 드는 물건을 선택하면 관련 정보가 나와요. 확인해보니 이 물건은 동대문구 답십리동에 있는 공인중개사무소에서 내놓았네요. 하단에 '매매 20' '전세 7' '월세 66'은 해당 공인중개사무소에서 올린 매물의 숫자예요.

이런 식으로 공인중개사무소의 위치까지 확인하면 가격 협상시 좀 더 유리한 고지를 선점할 수 있어요. 직접 물건을 보기 전에 미리 확인해두면 도움이 될 것입니다.

상가를 살 때 제일 고민되는 게 건강보험료인 것 같아요. 저도 퇴사 후 가정주부가 되었으니 배우자의 건강보험에 피부양 등재가 가능했어요. 하지만 상가를 사는 순간 임대사업자가 되면 지역가입자로 전환되어 건강보험료 납부 대상자가 됩니다. 상가 임대사업자는 1원이라도 수입이 발생하면 무조건 지역 건강보험료 납부 대상자예요.

국민연금은 납부해도 연금으로 받을 수 있으니 크게 거부감이 없어요. 하지만 지역 건강보험료는 좀 과해서 억울한 면이 없지 않아요. 연봉만으로 책정되는 직장 건강보험료와 달리 지역 건강보험료는 임대료 등 사업소득에 부동산, 자동차, 전세 보증금까지 점수를 매겨 보험료가 부과됩니다. 그래서 상가 임대사업자 중에는 과다한 지역 건강보험료 때문에 4대 보험 가입이 가능한 직장에 다시 들어가는 경우도 있어요.

▲ 국민건강보험공단 사이트 화면. 지역 건강보험료를 계산해볼 수 있다.

직장 건강보험료는 직장 수입 외에 연 3,400만 원 이상의 소득이 발생하면 따로 지역 가입자분의 건강보험료를 납부해야 해요. 2022년 7월부터는 이 기준이 연 2천만 원으로 하향된다고 하네요.

건강보험료에 대해 궁금한 점이 생기면 국민건강보험공단(1577-1000)에 전화해서 물어보는 게 제일 빨라요. 전화해서 예상되는 지역 건강보험료에 대해 물으니 친절히 알려주더라고요. 개인정보 문제 때문에 꼭 본인이 전화해야 해요. 또 국민건강보험공단 사이트에 들어가 시뮬레이터를 이용하는 방법도 있어요. 국민건강보험공단 사이트 '보험료조회' 메뉴에서 '4대보험료계산'에 들어가 '지역보험료 모의계산하기'를 클릭하면 됩니다.

올해 재산세 고지서는 다들 받으셨지요? 과표는 재산세 고지서를 보고 입력하면 됩니다. 생각보다 액수가 커서 놀랄 수도 있어요. 그렇다고 지역 건강보험료 때문에 상가 투자를 포기해야 할까요? 그건 아닌 것 같아요.

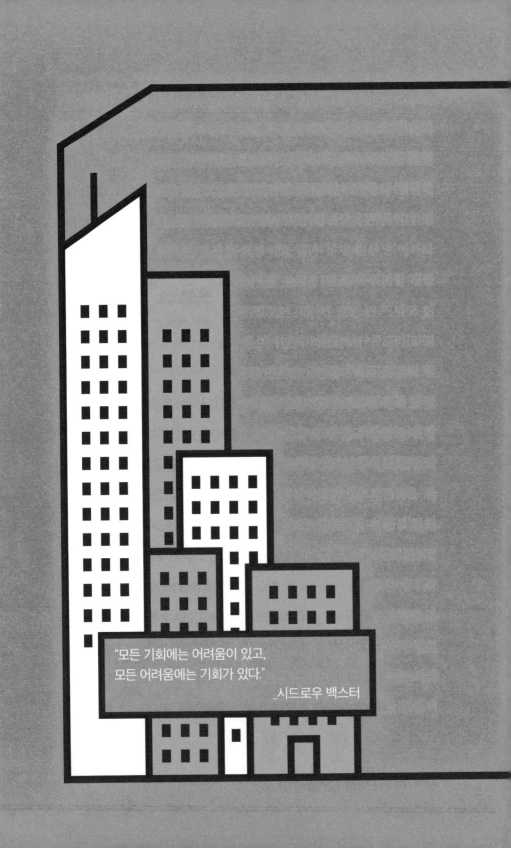

"모든 기회에는 어려움이 있고,
모든 어려움에는 기회가 있다."

_시드로우 백스터

4장

임대수입
300만 원 만들기 ②

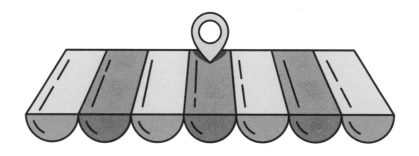

상가 급매 여부는
시간이 지나야 알 수 있다

매수인 입장에서는 급매 당시에는 그게 급매인지 잘 몰라요. 다른 물건과 비교해도 딱히 가격이 저렴해 보이지 않거든요. 만일 가격이 눈에 띄게 저렴했다면 나오자마자 팔렸어야 하는데 보통은 한참을 그냥 나와 있어요. 코로나19가 연일 지속되던 시기에도 급매가 많았어요. 그러나 당시에는 좋은 조건의 급매라는 느낌보다는 '그냥 수익률은 나쁘지 않다.' 싶은 정도였어요. 사람 심리가 이상해요. 가격이 비교적 저렴하고 수익률이 좋아도 나들 써리니 사야 하나, 말아야 하나 망설이게 되더라고요. 주가가 급락하면 더 떨어질까 봐 안 사게 되는 심리랑 비슷한 것 같아요.

나중에 돌이켜보면 그때 그 물건이 좋은 조건의 급매였다는 걸 깨닫게 되곤 해요. 2021년 코로나19가 한창일 때 수익률 6%짜리 1층 물건을 발견했어요. 1층 상가이고, 수익률도 이렇게 좋은데 다들 거들떠도 안 보더라고요. 아주 작은 두 칸짜리였는데 13평 한 칸을 반으로 나눠 호실을 2개로 쓰고 있었어요. 한 칸, 한 칸 서로 다른 업종으로 영업을 하고 있더라고요.

편의상 이 2개의 상가를 1호, 2호라고 칭할게요. 1호 임차인은 인테리어를 반듯하게 하고 들어왔어요. 그런데 2호가 좀 지저분해서 매수가 망설여졌어요. 임장을 위해 1호에 손님인 척 가장해서 가보니 젊은 사장님이 도도하게 "여기는 예약제여서 예약하고 오셔야 해요."라고 말씀하시더라고요. 장사도 잘되는 것 같았고요. 그래도 여전히 2호가 마음에 걸렸어요. 다른 분들도 2호 때문에 매수를 포기한 것 같았어요.

저는 1호를 믿고 매수를 결심했어요. 예상대로 도도한 1호 사장님은 단 한 번의 연체 없이 깔끔하게 임대료를 보내주고 계세요. 2호 사장님은 가끔 며칠씩 연체를 하긴 하지만, 그래도 다행히 달은 건너뛰지 않고 임대료를 보내주고 계세요. 연체를 하더라도 무작정 잠수를 타지 않아서 다행이에요. 임대료가 좀 밀리더라도 언제까지 마련해서 주겠다고 미리 양해를 구하는 임차인을 만나는 것도 복이라면 복이에요. 생각해보면 이 1층 상가는 지금은 보기 드문 정말 조건이 좋은 물건이었어요.

월 500 임대료 받는 엄마의 상가 투자 시크릿

◉ 조건이 맞다면 과감하게 도전하자

이렇게 조건 좋은 급매물이 당시에는 왜 방치되어 있었던 걸까요? 만일 비슷한 물건이 지금 똑같은 조건으로 나온다면 사려는 사람이 줄을 설 텐데 말이에요. 당시에는 급매라는 걸 저를 포함해서 다들 몰랐던 거예요. 그러니 이것저것 너무 재지 말고 조건이 맞으면 그냥 도전하는 게 맞는 것 같아요.

저의 조건은 간단했어요. 1층 상가를 사고 싶었고, 수익률은 6% 이상을 원했고, 평수와 임차인의 업종이 잘 어울리길 바랐고, 공실이 안 나길 바랐어요. 그리고 되도록 공실이 나더라도 금방 채워지는 곳을 찾았고요. 저는 이 몇 가지만 만족되면 매수를 결심했어요(조건은 사람마다 다를 수 있어요). 직접 임장을 다녀보면 알겠지만 조건이 다 맞아도 눈에 띄는 몇 가지 단점 때문에 포기하게 되는 경우가 많아요. 저도 처음에는 '2호 상태가 너무 안 좋은데 임대료가 밀리지는 않을까?' '상가는 상권보다 입지라는데 여기는 입지가 좀 별로인데.' '코로나19가 더 장기화되지는 않을까?' 등 여러 고민이 많았어요. 그러나 모든 면에서 완벽할 수는 없어요. 단점 없이 완벽한 물건은 이미 다른 누가 채갔을 확률이 높고요. 저는 1호가 장사가 잘되니 아주 떨어지는 물건은 아니라고 판단했어요. 돌이켜보면 당연히 사야 하는 물건인데 왜 안 사고 이리저리 재고 있었나 싶어요.

지금은 상가를 5개나 보유하고 있지만 이 5개를 사기까지 실제로 살펴본 물건은 무수히 많아요. 놓쳐서 후회되는 물건도 있고요. 어쩌면 내년에도 올해 망설이다 놓친 물건을 떠올리며 후회할지 몰라요. 그러니 여러분도 미래에 후회하지 말고 조건을 잘 따져서 과감히 도전하기 바랍니다.

참고로 매수 조건은 사람마다 다를 수 있어요. 예를 들어 제가 중요하게 보는 조건 중 하나는 임차인의 업종이 평수에 잘 어울려야 한다는 것입니다. 어떤 커뮤니티에서는 공실 시 내가 직접 들어가서 똑같은 업종을 할 수 있는 곳을 사야 한다고 하더라고요. 물론 말처럼 쉽지는 않아요. 그런 곳은 누가 봐도 물건이 좋으니 매매가도 당연히 비싸거든요.

저는 과거에도 그렇고, 지금도 그렇고 상가에서 제가 직접 뭘 할 생각은 없어요. 제가 상가를 사는 목적은 불안정한 노후에 대비해 꾸준한 임대수입을 만드는 데 있으니까요. 또 자본금이 적은 저에게 어울리는 상가는 1~2인 업종에 적합한 소규모 상가였어요. 매매가가 저렴하고 임대료가 저렴한 곳, 매출이 크지 않더라도 사장님의 실력과 성실함으로 꾸준한 매출이 발생하는 곳 말이에요.

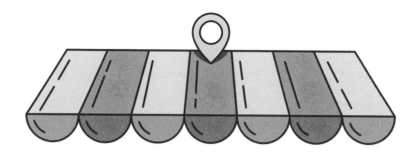

평수별로 어울리는
업종이 다르다

이번에는 평수별로 어울리는 업종에 대해 알아볼게요.

📍 평수별
유효 업종

먼저 6평 내외는 한 칸이 너무 작아서 들어올 수 있는 업종이 제한적이에요. 저는 이런 소형 상가는 피하는 편이에요. 6평 내외는 1인숍을 하기 좋은 크기인데요. 신도심 쪽은 이런 평수도 매매가와 임대료가 꽤 비싸더라고요. 구도심은 임대료가 너무 싸서 힘이 빠지고요. 제 경험상 이 평수는 꽈배기집, 핫도그집, 테이크아웃 카페, 테이크아웃 샌드위치 가게, 전자담배 판매점, 네일숍 등이 많았어요(꽈배기집이 제일 많았어요). 참고로 제가 두 번째로 산 1층 상가가 바로 6.5평짜리 2개가 나란히 붙어 있는 상가예요.

그다음 9~13평은 제가 제일 선호하는 크기예요. 이 정도 크기면 나쁘지 않아요. 1~2인 업종 위주로 웬만한 건 다 할 수 있고 임대료도 저렴해서 임차인이 잘 들어와요. 13평의 경우 반으로 쪼개서 임대를 주기도 해요. 그렇게 하면 하나로 임대하는 것보다 수익률이 더 좋아요. 업종은 부동산, 미용업, 식당, 카페, 떡집, 꽃집, 작은 편의점 등 다양해요.

15평 이상도 9~13평과 마찬가지로 미용업, 식당, 카페, 빵집, 큰 편의점 등 업종이 다양해요. 다만 이 정도 평수면 매매가와 임대료가 비싸요. 이 크기는 1~2인 업종은 아니에요. 프랜차이즈 입점을 제안하기 좋은 크기예요. 만일 목 좋은 곳에 이 정도 평수의 상가를 갖고 있으면 든든할 것 같아요. 그런데 아시다시피 프랜차이즈가 들어오기 좋은 자리는 초보 상가 투자자가 접근하기에 비싼 편이에요. 자본금이 적다면 작은 상가부터 시작하는 게 좋습니다.

여담이지만 요즘 저는 블루클럽과 같은 남성 전용 미용실 자리가 눈에 들어와요. 아들 둘이라 동네 남성 전용 미용실에 자주 가는데요. 특히 블루클럽은 대부분 장사가 잘되는 것 같아요. 가만 보면 블루클럽이 자리도 잘 잡아요. 궁금해서 알아보니 남성 전용 미용실은 평일에는 직장인(자영업자 포함)을 노리고, 주말에는 동네주민을 노린다고 하더라고요. 즉 오고가는 직장인이 많고 주택가를 낀 곳에 주로 입점한다고 해요. 그런 자리면 뭘 해도 잘되겠어요.

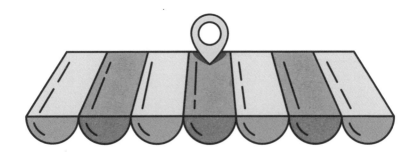

상가는 세금이 많다는데
남는 게 있을까?

세금을 포함해 이것저것 빠져나가는 돈이 많아서 남는 게 없다는 건 상가 투자에 대한 대표적인 편견이에요. 물론 세금이 많은 건 사실이에요. 대출 이자까지 감안하면 임대료의 1/3은 빠져나간다고 봐야 해요. 예를 들어 임대료로 월 500만 원을 받아도 이 중 150만 원가량은 내 돈이 아니라고 생각하면 편해요. 대출 이자, 건강보험료, 국민연금, 재산세 등 빠져나가는 돈이 많기 때문입니다(이 중 투자 초기에는 대출 이자의 비중이 제일 크고요).

흔히 임대소득을 불로소득이라고 하잖아요. 그래서 세금이 많아요. 300만 원이 임대료면 내 손에는 고작 200만 원 정도만 남아요. '에게, 고작?'이라는 생각이 드시나요? 무노동 소득 200만 원이 근로소득 500만 원보다 더 가치 있다는 칼럼을 본 적이 있어요. 저는 이 말에 적극 공감해요. 근로소득의 기회비용을 따지면 무노동 소득 200만 원은 생각보다 더 큰 금액이에요. 내 노동과 시간을 하나도 안 들이고 월급처럼 따박따박 200만 원이 통장에 꽂힌다면 어떨까요? 이건 경험해본 사람만 알 수 있는 신세계예요. 그러니 세금 걱정할 시간에 상가 하나라도 더 검색하는 게 나아요.

📍 카더라에 휘둘리지 말자

상가 투자를 안 해본 사람들은 그냥 무작정 상가 투자가 위험하다고만 말해요. 실제로 주변에 상가에 대한 이야기를 꺼내면 카더라가 난무해요. 그런데 정말 해보지 않으면 몰라요. 제 주변에도 상가 투자로 임대소득을 받는 사람은 저밖에 없어요. 세상에 공짜는 없으니 당연히 공실의 위험도 있고, 세금도 감수해야 할 부분이기는 해요. 그러한 리스크만 슬기롭게 잘 관리하면 적게 일하고 꾸준히 돈을 버는 시스템을 만들 수 있어요.

상가가 하나도 없는 사람은 있어도 하나만 사는 사람은 없는 것 같아요. 제가 직접 해보니 그래요. 오늘 신문에도 물가가 너무 많이 올랐다는 기사가 가득해요. 마트에 가서 장을 보면 체감되지 않나요? 우리 가족은 일주일에 계란 한 판을 먹는데 계란 한 판이 어느새 1만 원을 넘었어요. 한 달에 계란 값만 4만 원이 넘어요. 이 정도면 양계장을 차리는 게 나을 듯해요. 곰곰이 생각해보니 임대료도 자연스럽게 오를 것 같아요. 물가가 오르는데 임대료는 안 오를 수 있나요? 카더라에 휘둘리지 말고, 세금 걱정은 나중에 하고 일단 임대소득부터 만들어보세요. 그러면 새로운 길이 보일 겁니다.

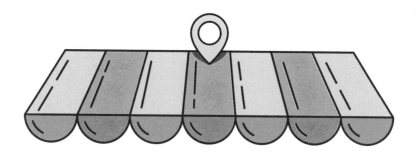

큰 상가 하나 vs.
작은 상가 여러 개

상가를 살 때 큰 상가 하나가 좋을까요, 작은 상가 여러 개가 좋을까요? 상가 투자자들 사이에서 가끔 나오는 질문이에요. 결론부터 말하면 정답은 없어요. 자기 사정에 따라 선택하면 되는 문제입니다.

♀ 정답은
없다

큰 상가란 크기만 큰 게 아니라 매매가가 비싸고 우량 임차인을 둔 상가를 말해요. 예를 들어 스타벅스, 파리바게뜨, 뚜레쥬르, 배스킨라빈스, 투썸플레이스 등이 대표적입니다. 저는 처음 상가 투자를 시작할 때 자본이 너무 작아서 우량 임차인을 둔 1층 상가는 고려 대상이 아니었어요. 그래서 작은 2층 구분상가를 선택했고, 꾸준히 임대료 수입을 경험한 뒤에 추가로 여러 상가를 매수하게 됩니다. 그렇게 작은 상가의 임대수입을 하나둘 합치다 보니 어느덧 큰 금액이 되더라고요. 꼭 제 방법이 정답이라는 뜻은 아닙니다. 작은 게 여러 개이다 보니 관리의 불편함이 따라요. 사업자등록도 따로 해야 하고, 세금계산서도 따로 발행해야 하고, 종합소득세 신고도 개별로 챙겨야 하니 번거로워요. 만일 큰 상가 하나만 갖고 있었다면 관리가 아주 간편했을 겁니다.

상가가 여러 개면 좋은 점도 있어요. 자연스럽게 분산투자 효과를 볼 수 있기 때문입니다. 어느 하나가 임대료가 늦게 들어와도 다른 데서 메꿀 수 있어요. 그리고 상가는 집과 달리 여러 개 갖고 있다고 해서 특별한 규제가 없어요. 하나에 올인한 게 아니라서 심적으로 편하기도 하고요. 또 작은 상가를 모으다 보면 큰 상가로 갈아탈 수 있는 기회가 생겨요.

개인적으로 저는 상가를 볼 때 항상 파리바게뜨가 어디 있는지 찾아요. 파리바게뜨는 보통 대형 주택가를 낀 목 좋은 곳에 위치하고 있어요. 아니면 유동인구가 많은 상업지에 있기도 하고요. 그래서 파리바게뜨를 포함해 그 인근 상가는 평수가 작더라도 임대료가 무척 비싸요. 즉 입지가 보장된 셈이지요.

저도 작은 상가로 시작했지만 언젠가는 큰 상가에 투자해보고 싶어요. 저처럼 작은 상가에만 투자해본 사람은 임대료가 높은 큰 상가를 원하고, 큰 상가에만 투자했다가 미납이나 연체를 경험한 사람은 작은 상가를 원하는 것 같아요. 정답은 없지만 작은 상가, 큰 상가 어느 하나에만 올인하는 건 좋은 선택이 아닌 것 같아요. 주식도 성장주와 배당주를 같이 갖고 있으면 마음이 편하잖아요? 상가도 둘 다 골고루 갖고 있는 게 좋아요.

📍 꼬마빌딩보다는 구분상가가 낫다

상가 투자 관련 커뮤니티에 자주 올라오는 질문이에요.

'제가 지금 ○○억 원이 있는데 꼬마빌딩을 살까요, 구분상가를 살까요?'

돈 많은 부자의 배부른 고민이라고 고깝게 듣지 말고 진지하게 생각해봅시다. 커뮤니티에 올라오는 답변을 보면 반응은 거의 반반이에요. 누군가는 상가로 월세 아무리 모아봤자 푼돈이고 건물의 시세차익을 따라갈 수 없다고 해요. 또 누군가는 건물을 사면 신경 쓸 일이 한둘이 아니고 임차인 관리가 버겁다고 반박해요. 그러면 다시 상가는 수익률이 너무 낮고 세금까지 내면 남는 게 없다는 반론이 올라오고, 이에 다시 건물은 손바뀜이 쉽지 않다며 차라리 상가가 낫다는 글이 달려요. 이렇게 설전이 끝없이 이어집니다. 읽고만 있어도 흥미진진해요.

여기서 중요한 건 '나라면 어떤 선택을 할까?' 하고 고민해야 한다는 것입니다. 저는 이 질문에 당당히 대답할 수 있어요. 개인적으로 꼬마빌딩보다는 구분상가가 압도적으로 장점이 많다고 생각해요. 하나씩 따져볼게요.

일단 건물은 관리인이 필요해요. 큰 건물이라면 관리업체를 따로 두면 되지만 꼬마빌딩은 그렇지 않아요. 결국 임차인과 관련된 문제를 건물주가 일일이 처리해야 해요. 관리비도 임차인들에게 직접 거둬서 청소비, 수리비 등을 충당해야 해요. 이 경우 임차인들은 관리비조차도 임대료라고 여겨요. 특히 코로나19 시기처럼 경기가 어려워지면 임대료, 관리비를 못 내는 임차인이 늘어나요. 임대료, 관리비를 둘 다 연체하면 건물주는 이중의 손해를 감내해야 해요. 임대료 인상 등의 문제도 쉽지 않아요. 같은 건물 내 임차인들끼리 단합하는 경우도 비일비재하거든요.

반면 구분상가는 건물 내 관리사무소가 따로 있고, 장사를 하는 임차인들도 관리비 납부를 당연하게 생각해요. 관리비를 연체하면

월 500 임대료 받는 엄마의 상가 투자 시크릿

한두 번 경고한 뒤에 건물에서 단전, 단수를 해버리니 장사를 계속하려면 버틸 수도 없어요. 관리비는 관리사무소에 내고, 임대료는 임대인에게 내니 상가주가 따로 관리비까지 신경 쓸 필요도 없어요. 관리비와 임대료가 서로 다른 용도라는 것을 임차인들도 분명히 인지하고 있고요. 무엇보다 건물 내에 문제가 발생하면 임대인이 아니라 관리사무소에 연락하는 경우가 많아요. 또 급전이 필요한 경우 꼬마빌딩은 부분 매각이 어려워요. 하지만 구분상가는 하나씩 팔 수 있어요. 주식으로 치면 분할매도가 가능한 셈입니다. 다른 구분상가를 팔더라도 남아 있는 구분상가가 있으면 일단 현금흐름이 막히는 일은 없어요.

커뮤니티에서 인상 깊은 글을 본 적이 있어요. '월세는 굴려봐야 월세다.' 처음에는 이 말이 무슨 뜻인지 몰랐는데 푼돈(월세)은 눈덩이처럼 키워봤자 푼돈(월세)이라는 뜻이더라고요. 즉 꼬마빌딩의 시세차익을 고려하면 상가 투자는 한계가 있다는 것입니다. 월세를 아무리 잘 받아도 시세차익이라는 한 방이 있는 건물이 상가보다 낫다는 뜻이에요. 이는 반은 맞고 반은 틀린 말이에요. 꼬박꼬박 들어오는 임대료와 별개로 구분상가도 매매가가 올라요. 물론 꼬마빌딩만큼 오르는 건 아니지만 좋은 입지의 상가는 시세차익까지 함께 누릴 수 있어요.

사실 이 문제도 '큰 상가 하나 vs. 작은 상가 여러 개' 논쟁과 마찬가지로 정답은 없어요. 하지만 본업이 따로 있거나 저처럼 아이들 양육 문제로 바쁘다면 건물 관리는 조금 무리일 수 있어요. 스트레스를 감당할 수 없다면 그냥 주저 말고 구분상가를 선택하시라고 조언하고 싶네요.

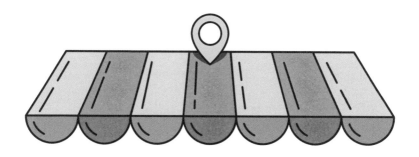

수익률도 좋고
공실 안 나는 상가?

성공한 상가 투자자들의 면면을 보면 다들 자기만의 원칙이 있어요. 보통 이런 원칙은 하루아침에 만들어지지 않아요. 상가를 하나둘씩 사 모으다가 자신에게 맞는 상가를 발견하게 되면 그때부터 노하우가 생기게 되고, 그러한 경험이 쌓이면서 원칙이 생기더라고요. 저는 그냥 기본에 충실했어요. 저는 작은 규모의 1~2층 상가, 그중에서도 되도록이면 1층 상가를 노렸어요. 수익률은 떨어지더라도 공실 문제에서 비교적 자유롭고 매노 시 환금성이 뛰어나기 때문이에요(저는 아직 제가 가진 상가를 팔아본 적은 없지만 1층 상가는 매수 대기자가 많더라고요).

저와 달리 학원 임차를 위해 학군지 2층 이상 상가만 노리거나, 3층 이상 병원 자리만 노리거나, 아파트 단지 내 상가만 노리는 분도 있다고 해요. 학원과 병원은 대부분 공실도, 임대료 연체도 없으니까요. 단지 내 상가의 경우 시세차익은 노리기 어렵지만 매매가가 저렴하고 수익률이 안정적이라는 장점이 있어요.

이렇듯 저마다 투자 방식이 참 다양해요. 그럼 이제 여러분에게 질문을 드려볼게요. 여러분은 어떤 상가를 사고 싶으신가요?

잘 모르겠다면 꼬꼬마 구분상가

앞서 말했듯이 저는 무대출 수익률 기준으로 1층 상가는 6% 이상, 2층 상가는 7% 이상만 노렸어요. 보통 50% 이상 대출을 끼고 사니 당연히 대출 후 수익률은 더 높아지고요. 매매가는 1억~3억 원 사이였습니다(제가 산 수익형 부동산 중에 제일 고가는 최근에 산 지식산업센터입니다). 즉 아주 꼬꼬마 구분상가만 노린 것이지요. 상가들이 워낙 저렴하다 보니 시세차익은 기대도 안 했어요. 그런데 수익률이 높아서 자연스럽게 시세도 올라가더라고요. 만일 아직 확실한 방향을 정하지 않았다면 리스크가 적은 꼬꼬마 구분상가를 추천해요.

또 저는 구도심 위주로 투자했어요. 구도심은 어디든 사람들이 많고 집도 빽빽해서 상가의 수익률이 좋은 편이거든요. 반면 위례, 청라와 같은 신도시는 공실이 많아요(시간이 지날수록 차차 나아지고 있는 걸로 알고 있어요). 분양가가 높으니 임대료도 덩달아 높아서 임차인을 찾기도 힘들고요. 신도시든, 구도심이든 사실 어디든 공실은 날 수 있어요. 그래도 되도록 그 기간이 짧은 곳을 찾아야 해요. 저는 최대한 사람이 많이 다니는 곳을 고르고 골랐어요. 꼬꼬마 구분상가의 경우 집에서 가볍게 슬리퍼 신고 나온 주민이 많은 곳에 있으면 금상첨화더라고요.

그럼 최고의 상권은 어디일까요? 한 커뮤니티에서 공실 없고 수익률 높은 상권이 어디인지 설문조사를 한 적이 있어요. 그 결과는 다음과 같아요.

1. 노원역 롯데백화점 맞상가
2. 상계역 근처 치킨골목
3. 부산 서면
4. 연신내 먹자골목
5. 노원역 롯데백화점 옆 먹자골목
6. 인천 가정동 정서진중앙시장 및 주변 상가
7. 안산 중앙동 로데오골목
8. 안양 범계역

상권이 좋다고 해서 그 지역 상가가 모두 다 잘되는 건 아니니까 그냥 참고만 하기 바랍니다. 저도 최근에 이 순위권에 나온 상가 중 한 곳을 알아본 적이 있어요. 가격이 안 맞아서 포기했지만요. 참고로 추천 지역이라고 해서 본인이 전혀 모르는 곳인데 무작정 찾아갈 필요는 없어요. '아, 저기 아는 곳인데 투자처로 좋다고? 한 번 가볼까?' 하는 경우에만 공략해보는 것이 좋아요.

부지런히 찾아보면 분명 좋은 결과가 있을 겁니다. 상가 투자에 대해 아무것도 몰랐던 저도 해냈잖아요. 여러분도 용기를 내기 바라요.

상가 대출금,
어떻게 관리할까?

저는 상가 구매 시 자기자본비율을 반드시 50% 이상으로 한다는 원칙이 있어요. 자기자본비율이란 총자본 대비 자기자본의 구성비를 나타내는 비율을 뜻해요. 보통 이 자기자본비율이 50% 이상은 되어야 급작스럽게 금리가 오르거나 공실이 생기더라도 유연하게 대처할 수 있어요. 반대로 자기자본비율이 너무 낮으면, 즉 과도하게 대출을 받으면 리스크가 커질 수 있어요. 그런데 최근에 자금이 모자라서 이 원칙을 어긴 적이 있어요. 물건이 워낙 괜찮아서 대출을 감정가의 64%만큼 받은 것입니다. 제 원칙에서 무려 14%를 넘긴 것이지요. 대출 이자 부담도 그만큼 커졌고요.

큰돈은 아니지만 이런 작은 원칙이 무너지기 시작하면 반드시 다른 투자에도 영향을 미친다고 생각해요. 그래서 저는 최대한 이 14%를 빨리 갚기로 마음먹었어요. 당장 그만한 돈이 없으니 일단 돈이 생기는 대로 쪼개서 갚기 시작했어요. 이 글을 쓰고 있는 오늘만 해도 5만 원을 상환했어요. 또 당분간 들어오는 상가 임대료 중 일부는 이 대출을 갚는 데 쓰려고 해요. 원칙을 어긴 상황에서 이 문제를 그냥 두고 다른 투자(배당주 모으기 등)에 임대료를 쓰는 게 영 찜찜해요. 14%면 그렇게 큰 금액은 아니니 최대한 빨리 갚을 생각이에요.

3년 내 중도상환 시 중도상환 수수료만 무려 2%에 달해요. 그래도 그냥 무시하고 갚기로 했어요. 중도상환 수수료보다 대출 이자율이 훨씬 높으니까요. 또 어차피 많이 갚지도 못해요. 5만 원, 10만 원 자잘하게 가랑비에 옷 젖듯이 갚아야 하거든요. 이렇게 갚다가 중간에 목돈이 들어오면 좀 더 크게 갚고, 또 자잘하게 갚다가 목돈이 들어오면 좀 더 크게 갚고, 저는 언제나 이런 식으로 대출을 줄여나갔어요. 단돈 1만 원이라도 일단 갚기 시작하면 탄력이 붙어서 생각했던 것보다 빠른 기한 내에 다 갚게 되더라고요. 뭐든 시작이 참 중요한 것 같아요. 빨리 이 14%를 갚고 자기자본비율을 50%로 맞추고 싶어요. 그날이 오면 자축하며 와인과 함께 맛있는 한우를 구워 먹어야겠어요.

고정금리도
깎아줘요

전 상가 대출을 전부 고정금리로 받았어요. 워낙 성격이 보수적이어서 주변에서 금리가 더 낮아질 것이다, 변동금리가 유리하다고 조언해도 그냥 고정금리로 받았어요(이런 성격으로 투자는 어떻게 하는지 모르겠어요). 저는 통제 가능한 위험을 좋아하거든요. 결론적으로는 손해를 보긴 했어요. 금리가 올랐음에도 제 고정금리보다 낮은 상황이에요. 그러다 우연히 어디선가 은행에 요청하면 고정금리로 받은 대출도 깎을 수 있다는 말을 들었어요. 긴가민가해서 은행에 용기를 내서 전화했어요.

저는 대출 이자율을 조금이라도 깎기 위해 대출을 받은 은행의 신용카드를 사용하고 있어요(이건 거의 관행이에요). 신용카드 실적이 낮으면 나중에 만기 시 대출 이자율이 다시 올라갈 수 있다고 해서 열심히 사용 중이에요. 은행에 전화해서 신용카드 실적이 좋고, 상가를 살 때마다 여기에서만 대출을 받았고, 이자도 지금까지 잘 납부하고 있다고 이야기했어요. 금리를 깎아달라고 요청하자 놀라운 답변을 들었어요. 지금은 대출이 많이 들어와서 여유가 없지만 가을에 다시 전화를 주면 그때 상황을 봐서 깎아주겠다고 하더라고요. 고정금리도 상황에 따라 깎을 수 있다는 걸 알게 된 소중한 경험이었어요.

흔히 앎보다 실천이 중요하다고 하잖아요. '정말 그럴까?' 하는 의문이 들 때는 누가 알려주기를 기다리지 말고 바로 전화를 들어서 확인해야 해요.

📍 시도해보셨나요?
상가 대출금 0원 만들기

앞서 설명했지만 저는 목돈 대출을 푼돈으로 상환하는 게 주특기예요. 생각해보세요. 내가 친구에게 1억 원을 빌려줬는데 친구가 저에게 만날 때마다 5만 원씩 갚는다면 기분이 어떨까요? 나눠서 갚는 게 미안하니까 이자로 1천 원(중도상환 수수료 2%)을 더 준다고 하네요. 기분이 좋으세요? 그러나 다행히 은행은 푼돈으로 갚아도 눈치를 주지 않아요. 인터넷뱅킹으로 입금하면 눈치 보지 않고 30초면 갚을 수 있어요. 너무 좋아요. 그러니 빚이 있다면 단돈 1만 원이라도 일단 상환해보세요.

상가는 종합소득세 신고 시 비용을 처리할 게 별로 없어요. 그나마 가장 큰 비중을 차지하는 게 대출 이자더라고요. 그래서 대출만 신경 쓰면 됩니다. 저 역시 상가 한 개 정도는 대출 없이 갖고 있으면 든든하겠다 싶어서 갚기 시작했어요. 대출 이자가 줄면 줄수록 매달 손에 쥐는 실수령액도 커져요. 첫 상가의 경우 대출을 상환하기 전에는 대출 이자로 매달 23만 원 정도가 나갔는데, 대출을 갚으니 이제 5만~6만 원 정도만 나가고 있어요. 너무 가볍고 좋아요.

상가 대출금을 갚아야 하느냐, 말아야 하느냐는 항상 나오는 질문이에요. 투자 성향에 따라 다르지만 적절한 대출 관리는 필요한 것 같아요. 어떤 분이 그러시더라고요. 대출금이 2억~3억 원이면 갚고 싶은 마음이 드는데 20억~30억 원이면 그냥 평생 같이 간대요. 감히 갚을 엄두가 안 나는 금액이라서요. 맞는 말이라고 생각해요. 또 어떤 분은 구분상가만 사 모으다 보니 어느덧 10개가 넘는 상가를 갖게 되셨다고 해요. 그때부터 임대료로 조금씩 대출금을 상환하고 있고요. 이분처럼 어느 정도 상가 투자가 궤도에 오른 다음에 대출금을 갚는 방법도 있는 것 같아요.

대출금 하나도 없는 상가를 하나쯤 갖고 있다면 어떨까요? 참 든든하겠지요? 은행 도움 없는 완전한 내 재산이니까요. 그런 상가를 우리도 하나 만들어보자고요.

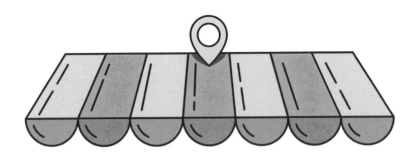

상가를
사야 하는 시기

상가를 사기 좋은 시기는 퇴사하기 직전이나 퇴사하고 나서 바로인 것 같아요. 가장 좋은 시기는 퇴사한 직후인 것 같고요. 그 전에 준비가 되어 있다면 더 좋지만 저는 정말 늦어도 50대 전후에는 시작해야 한다고 생각해요. 종종 제 블로그를 통해 이런 문의가 들어와요.

'가지고 있는 노후자금으로 조그만 상가를 하나 사려고 하는데 막막하네요. 어디서부터 어떻게 시작하는 게 좋을까요?'

월 500 임대료 받는 엄마의 상가 투자 시크릿

안타깝지만 저는 이런 경우에는 아무것도 하지 마시라고 조언해요. 이러면 백발백중 다 망해요. 전 노후에 쓸 돈 10만 원은 좀 과장을 보태서 젊을 때 쓸 돈 50만 원과 비슷하다고 봐요. 즉 돈의 가치가 다른 것입니다. 수입이 하나도 없는 상태에서 가지고 있는 자금으로 투자를 한다는 건 너무 위험해요. 그것도 잘 아는 분야도 아니고, 투자 좀 한다는 사람도 어려워하는 상가는 더더욱 위험합니다. 나이가 다 차서 노후에 대비하기 위해 상가를 사는 건 늦었다고 생각해요. 차라리 그 자금을 아끼면서 생활비로 쓰는 게 나아요. 물론 안목이 뛰어나서 노년기에 아무것도 모르는 상태에서 상가 투자를 시작해도 성공하는 경우가 있을 수는 있어요. 하지만 극히 예외일 것입니다.

노후자금을 활용할 때는 신중에 신중을 기해야 합니다. 당장 생활비로 써야 할 노후자금을 투자에 쓰게 되면 마음이 조급해질 수밖에 없어요. 일반적으로 마음의 여유가 없으면 아무 물건이나 덥석 물기 쉬워요. 신문을 보면 멋모르고 분양상가에 투자했다가 큰 손해를 봤다는 이야기가 자주 나오지요? 기사를 자세히 보면 섣부르게 퇴직금으로 투자했다가 낭패를 봤다는 내용이 대부분이에요. 당장 수입이 끊기니 조급한 마음에 제대로 알아보지도 않고 분양상담사의 말만 믿은 것입니다. '분양가 할인' '확정수익' 등의 말에 현혹된 것이지요.

한 살이라도 젊을 때 사자

젊을 때(50대 이전에) 사놓으면 일단 불안감이 없습니다. 당장 생활비가 빠듯하지 않으니 좀 더 긴 안목으로 투자할 수 있고, 임대료를 받고 있으면 시간이 흐르면서 매매가도 서서히 올라가게 됩니다. 임대료가 고정일 리 없지만 고정이더라도 상가 매매가가 물가 상승률 이상으로 올라 있을 테니 걱정 없고요. 임대료를 받으며 관리하다가 갑자기 목돈이 필요해지면 매도하면 됩니다. 상가를 관리하면서 상가를 보는 안목이나 관리법, 임차인을 상대하는 노하우 등이 느는 건 덤이에요. 이러한 노하우는 아무래도 시간과 시행착오가 좀 필요하더라고요.

돈도 돈이지만 상가는 공실 문제, 각종 임대료 연체와 미납, 원인을 찾기 힘든 누수 등 신경 써야 할 부분이 많아요. 이런 문제는 최대한 젊을 때 겪어서 노하우를 쌓는 게 중요해요. 특히 임차인 관리는 뒤늦게 노년기에 배우기엔 정말 어려운 영역이에요. 최근에 저는 갖고 있던 상가 중 하나에 누수 문제가 발생했어요. 아, 정말 머리가 아파요. 아파트 누수도 골치 아프지만 상가도 만만치 않아요. 1층 상가인데 누수가 발생해서 지하주차장 천장에 물이 샌대요. 이걸로 매일 임차인, 관리실 직원과 통화하는데 스트레스가 심해서 그냥 상가를 버리고 싶더라고요. 누수업체가 와서 공사하고 다 마무리했는데 또다시 물이 새서 아찔했어요. 결국은 잘 해결되었지만 그 뒤로 임차인 전화만 오면 깜짝 놀라요. 노년기에 노후자금을 마련하기 위해 산 상가에서 이런 문제가 발생하면 어르신들은 정말 피곤할 거예요.

그러니 만약 상가 투자 경험도, 관련 지식도 없다면 노후에는 되도록 보수적으로 접근할 필요가 있어요. 가지고 있는 돈으로 상가를 사서 월세를 받느니 그냥 그 돈을 아끼면서 쓰는 게 나아요. 상가는 세금 신고도 까다로워서 노후에 배우기에는 무리가 있어요. 자녀의 도움을 받을 수 있다면 좋겠지만 아마 자녀도 자기 생업을 챙기느라 바쁠 겁니다.

제 부모님과 시부모님도 저를 보고 상가 투자를 시작하려고 하셨어요. 저는 완강히 말렸지요. 아마 겉으로 보기에 상가 투자가 쉬워보였을 거예요. 일단 부모님과 시부모님은 상가 투자에 대한 지식과 경험이 없으세요. 그렇다고 물건을 제가 일일이 관리해드릴 수도 없고요. 무엇보다 어르신들은 세금과 제비용을 전혀 고려하지 않으세요. 임대료가 100만 원이면 100만 원 다 본인들 몫인 줄 아세요. 상가는 잘 관리하지 않으면 생각보다 남는 게 별로 없어요. 저처럼 자잘하게 여러 개를 사거나, 아니면 임대료가 큰 물건을 사야 그나마 남는 게 있어요.

제 생각에 가장 이상적인 상가 투자 시기는 40대 중후반이에요. 사실 빠르면 빠를수록 좋아요. 30대에 직장을 다니면서 상가 투자를 준비하는 경우도 적지 않더라고요. 그런데 30대 때는 대부분 내 집 마련이 먼저여서 상가 투자까지 고려하기가 쉽지 않아요. 어쨌든 한 살이라도 어릴 때 작은 물건이라도 직접 관리해보고, 임차인과 갈등도 겪으면서 임대료를 받아보세요. 그렇게 차근차근 경험과 노하우를 쌓으면 길이 보일 것입니다.

📍 이상적인 건물주가 되기 위해

한 살이라도 젊을 때 투자해야 하는 이유가 또 있어요. '건물'이라고 하면 어떤 말이 떠오르세요? 저는 '강남'이 떠올라요. 위치가 강남 정도는 되어야 진정한 건물주라고 할 수 있는 거 아니겠어요? 그만큼 제가 느끼는 건물주에 대한 거리감이 크고 뭘 모른다는 거겠지요.

상가를 아무것도 모를 때도 마찬가지였어요. 집 근처에 있는 건물을 보니 상가들이 장사도 잘되는 것 같고, 유동인구도 많아서 하나 갖고 싶더라고요. 그래서 씩씩하게 인근 공인중개사무소에 들어갔어요. 이 건물 상가를 하나 사고 싶은데 얼마냐고요. 공인중개사가 저를 위아래로 훑어요. 물건을 살 정도로 돈이 있는 건지, 아니면 그냥 찔러보러 온 건지 구분이 안 가는 눈치예요.

공인중개사는 잠시 컴퓨터 키보드를 두들기더니 당장은 매물이 하나도 없다고 말해요. 한동안 나온 적도 없고 앞으로도 안 나올 거래요. 6층짜리 건물인데 건물주가 1명이래요. 전 이런 것도 구분상가처럼 나눠서 파는 줄 알았는데 소위 '통건물'이더라고요. 이거야말로 진정한 건물주 아니겠어요? 시세가 10년 전에 50억 원이었으니 지금은 100억 원도 넘을 거래요. 근데 그 돈을 줘도 안 판대요. 너무 놀랐어요. 강남도 아니고 그냥 집 앞에 있는 낡은 건물이 100억 원이라니!

나중에 디스코 애플리케이션을 통해서 확인해보니 정말 10년 전에 매수한 이후 거래내역이 하나도 없어요. 10년 동안 공실 없이 장사가 잘되었는데 임대인이 팔 리가 없지요. 이런 건 정말 자자손손 가지고 가는 것 같아요. 지금은 강남 빌딩보다 집 앞에 있는 이 6층 건물이 정말 갖고 싶어요. 50억 원이면 10년 전에도 엄청 큰돈인데 매수인도 대단하네요.

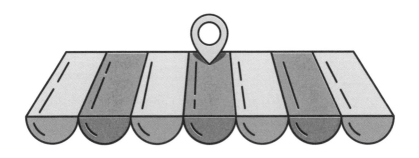

경매로 상가 낙찰받기?
책처럼 쉽지 않다

상가를 산다고 하면 대부분은 경매부터 생각해요. 책, 칼럼, 커뮤니
티 등에서 상가는 경매로 사야 싸게 살 수 있고 대출도 많이 나온다
고 하거든요. 실제로 고수들은 경매로 좋은 상가를 좋은 가격에 낙
찰받아서 좋은 수익을 내고 있어요. 그런데 이건 그들이 '고수'니까
가능한 일이에요. 물론 그들도 과거에는 평범한 직장인이었고 자영
업자였어요. 여러분도 그들처럼 되지 말라는 법은 없어요. 하지만
저는 평범한 사람이 단기간에 경매는 경매대로, 상가는 상가대로
따로 공부해서 이 두 가지를 동시에 잘해내기란 쉽지 않다고 생각
해요. 임대차가 맞춰진 물건을 사는 일반적인 투자 방식도 어려운

데, 첫 상가부터 경매로 낙찰받는다는 건 꿈같은 이야기 아닐까요?

저는 투자도 걸음마처럼 단계가 있다고 생각해요. 걸음마도 떼지 않은 아이가 뛸 수 있겠어요? 천부적인 재능과 운이 따라준다면 몰라도 초보자가 처음부터 경매로 좋은 가격에 공실 없는 상가를 얻는다는 것은 불가능에 가깝습니다.

♀ 생각보다 어려운 경매로 상가 낙찰받기

저도 상가를 하나둘 사다 보니 자신감이 붙었어요. 그래서 책에 나오는 고수들처럼 경매에 관심을 갖게 되었지요. '나도 멋지게 경매로 상가를 낙찰받아야지!' 하고 결심했고, 그렇게 경매 관련 책을 몇 권 정독했어요. 그런데 이상하게 경매는 책으로는 잘 이해가 되지 않았어요. 저는 무언가를 배울 때 공인중개사 시험을 빼고는 따로 인터넷강의를 들어본 적이 없어요. 좋은 강의는 많지만 하나를 들으면 연관된 강의가 나오고, 또 하나를 들으면 다른 강의가 나오고 줄줄이 끝이 없더라고요. 강의만 듣다가 끝날 것 같아서 저는 인터넷강의는 과감하게 건너뛰고 필요한 정보는 그냥 책으로 얻었어요.

문제는 경매는 책을 아무리 봐도 도저히 이해가 안 되더라고요.

그래서 강의를 한번 들어야겠다 싶어서 오프라인 강의를 신청했어요. 강사님은 책도 몇 권 내시고 낙찰 경험도 풍부한 분이셨어요. 똑같은 수업이 온라인으로도 있었지만 저는 현장에서 들어보고 싶었어요. 결과적으로 오프라인 수업을 듣기를 잘했어요. 온라인에서는 나눌 수 없는 거침없는 질문들이 오갔어요. 코로나19로 소수 인원만 모여서 듣는 수업이라 질문도 자유롭게 할 수 있었고요. 수업을 통해 잘 몰랐던 경매 과정, 경매 사이트 보는 법, 권리관계 등을 알게 되었어요.

4주간 수업을 들은 소감은 결국 경매는 방법을 아느냐, 모르느냐의 문제가 아니었다는 것입니다. 수많은 물건 중에 나에게 맞는 좋은 물건을 고르는 게 생각보다 어려웠어요. 상가는 특히 더 그렇고요. 강사님도 경매로 상가를 낙찰받는 것은 최상위 난이도이기에 초보자에게는 권하지 않는다고 하셨어요. 상가를 낙찰받고 싶어서 수업을 들은 건데, 수업을 들으면 들을수록 경매로는 안 되겠다는 생각이 들더라고요. 스피드옥션에서 아무리 매물을 찾아도 좋아 보이는 물건이 없었어요.

경매로 좋은 상가를 찾기란 사막에서 바늘 찾기예요. 생각해보세요. 경매로 나올 정도면 임차인이 임대료를 오랫동안 미납했거나 공실이 길어졌다는 뜻이에요. 대출 이자와 관리비를 버티지 못해서 경매로 넘어간 물건일 텐데 멀쩡할 리 있겠어요? 만일 본인이 직접 사업할 아이템이 있거나, 이미 사업을 하고 있는 상태에서 다른 사업장을 구하는 것이라면 경매가 좋은 선택일 수 있어요. 경매로 저렴하게 낙찰받아서 직접 운영하는 것은 괜찮겠다 싶어요.

실제로 겪어보니 좋은 물건은 경매로 잘 안 나오고, 누가 봐도 좋은 물건은 비싼 값에 낙찰되고 있었어요. 저는 그래도 스피드옥션을 1년치 결제해서 매일 습관처럼 모니터링하고 있어요. 틈틈이 공부하는 마음으로 보는데 쉽지 않아요. 좀 괜찮다 싶은 건 유치권이 걸려 있거나, 임차인에게 내줘야 할 보증금이 얼마인지 확인이 안 되거나, 명도소송을 해야 하는 등 머리를 지끈거리게 하는 경우가 대부분이에요.

경매 강연에서 강사님께서 경매가 처음이라면 어려운 물건은 다 넘어가라고 하더라고요. 그 말이 맞는 것 같아요. 초보자는 복잡한 명도소송을 해결할 능력도, 복잡한 경매 물건을 분석하는 데 할애할 시간도 없으니까요. 그런데 이것저것 다 빼면 경매로 낙찰받을 만한 물건이 딱히 없더라고요. 경매를 공부하면 할수록 '내가 왜 잘하지도 못하는 경매를 하겠다고 머리를 싸매고 있는 거지?' 싶었어요. 그냥 내가 잘하고 나한테 쉬운 분야에서 잘하면 되지 굳이 다른 사람이 큰돈을 벌었다고 그대로 따라 할 필요가 있나 싶어요.

굳이 어려운 길을 따라갈 필요는 없어요. 한번 해보고 본인에게 맞으면 쭉 히면 되는 거고, 안 맞으면 다른 길로 가면 그만이니까요. 굳이 스트레스 받지 마세요. 블로그 이웃 중에 남들은 부동산 투자로 돈만 잘 버는데 자신은 손해를 봤다며 자책하던 분이 계셨어요. 그런데 그걸 미국 주식으로 만회했대요. 전 주식으로 그렇게 많은 돈을 벌 수 있다는 게 더 신기했어요. 부동산이야 사두면 언젠간 오르지만 주식은 어디 그런가요. 실제로 그분은 주식 투자에 대해선 자신감이 넘쳤어요.

충분한 공부가 되어 있지 않고 어렵게 느껴진다면 경매는 포기해도 됩니다. 모든 게 책처럼 될 수는 없어요. 좋은 상가를 낙찰받지 못했다고 해서 낙심할 필요는 없습니다. 굳이 스트레스 받지 말고 자신만의 길을 찾기 바랍니다.

월 500 임대료 받는 엄마의 상가 투자 시크릿

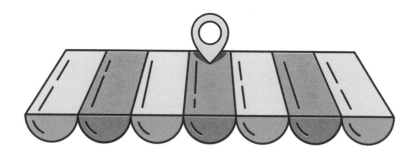

우량 임차인을
너무 믿지 마세요

지인에게 있었던 안타까운 일이에요. 2019년에 지인이 수도권에 위치한 2층 구분상가를 하나 샀어요. 코로나19 전이었네요. 같은 층에 공실은 좀 있었지만 임대차가 맞춰진 상가였고, 매도인이 개인 사정으로 급매로 내놓은 좋은 물건이었어요. 지인은 고심 끝에 저렴한 매매가로 해당 물건을 매수했어요. 이후 새롭게 임차인을 받았는데, 임차인은 가게 인테리어를 고급스럽게 해서 멋진 식당을 차렸고 운이 좋있는지 맛십으로 소문나기 시작했어요. 프랜차이즈 식당은 아니었는데 말 그대로 솜씨가 좋았나 봐요. 별다른 홍보 없이 각종 SNS에 맛집으로 소개되면서 급기야 줄 서서 먹는 맛집이 되었어요.

지인도 직접 가서 먹어봤는데 정말 맛있었다고 하더라고요. 본인이 산 상가가 손님으로 문전성시를 이루다니 정말 꿈같은 일이지요. 코로나19 시기에도 그 집은 1시간 대기가 기본이었어요. 또 장사가 잘되는 집은 저녁 장사 전에 꼭 브레이크타임이 있더라고요. 지인의 식당 역시 브레이크타임이 있었어요.

장사가 너무 잘되니까 당연히 임대료는 꼬박꼬박 들어왔어요. 지인은 장사가 잘되니 임대차 계약 만료 후에 임대료를 5% 인상할 계획이었어요. 그러다가 생각지도 못한 일이 벌어져요. 대기 고객이 늘어나다 보니 임차인이 더 넓은 곳으로 이전을 결심한 것입니다. 어찌 보면 임차인 입장에서는 당연한 결정인데 임대인인 지인을 포함해 저도 그런 생각은 하지 못했어요. 인테리어 비용도 만만치 않을 텐데 그렇게 쉽게 포기하고 단기간에 가게를 옮길 생각을 하다니. 어떤 면에서는 참 대단한 사업가였어요.

임차인은 지인인 임대인에게 말도 없이 근처 공실 상가와 계약하게 됩니다. 공실 상가였으니 2~3개월 렌트프리는 기본이고, 임대료도 현재 내고 있는 것보다 더 저렴하게 들어갔다고 해요. 이야기를 전해 들은 저는 '아, 이럴 수도 있구나.' 싶어서 충격이었어요. 늘 임대인 입장에서만 생각했기 때문입니다. 큰 깨달음을 얻은 사건이었어요. 임차인은 다른 사업 계획이 있다며 지인에게 임대료를 조금 깎아주면 나가지 않고 계속 있겠다고 했다네요. 지인은 선택의 여지없이 렌트프리와 임대료 인하로 그 임차인과 계약을 다시 맺었고요. 일련의 사태를 겪은 지인의 심정은 어땠을까요?

그런데 이 사건이 있고 얼마 뒤에 제 상가 건물에서도 비슷한 일이 생겨요. 1층 상가 꽤 큰 자리에서 미용업을 하던 임차인이 있었는데, 이분이 수완이 정말 좋았나 봐요. 저도 지나갈 때마다 항상 손님이 바글거리는 걸 확인할 수 있었어요. 해당 임차인은 사업을 확장하기 위해 그 자리를 새로운 임차인에게 넘기고 나가겠다고 통보했어요. 그런데 지인의 상가와 여기는 한 가지 큰 차이점이 있었어요. 지인의 상가는 근처 상가에 공실이 좀 있어서 우량 임차인이 나갈 경우 피해가 컸지만, 제 물건이 있는 건물은 1층의 경우 공실이 없어서 우량 임차인이 나가도 큰 무리가 없었어요. 오히려 권리금을 주고 들어오는 자리였으니까요.

지인의 사건 뒤로 저도 우량 임차인을 전적으로 믿지 않게 되었어요. 상가에 아무리 우량 임차인이 있어도 주변에 공실이 있나 반드시 확인해야 해요. 임차인이 떠나면 큰 피해를 볼 수 있으니까요. 이런 경우가 의외로 많아요. 제가 자주 가는 동네 김밥집도 똑같은 일이 발생했어요. 원래 자리에서도 장사가 잘되었는데 가게가 좁았는지 확장 이전을 했어요. 임대차 계약 기간이 남아 있음에도 이전을 한 것 같아요. 왜냐하면 이전한 지 몇 달이 지났는데 아직 이전 가게에 간판과 집기가 그대로 남아 있기 때문이에요. 아마도 계약 기간이 남아 있으니 이전 이후에도 임대료를 계속 납부하

▲ 모 김밥집의 과거 자리 사진(왼쪽), 확장 이전 이후 사진(오른쪽)

고 있나 봐요. 장사가 잘되니까 임대료 손해를 감수하더라도 일찍 이전하는 게 낫다고 판단한 것 같아요.

이렇듯 임대인 입장에서는 임차인의 사업이 잘 풀리면 확장 이전 가능성이 있다는 것을 염두에 두고 있어야 해요. 저는 개인적으로 확장 이전을 해도 좋으니 수완 좋은 임차인이 한번 들어왔으면 좋겠네요.

♀ 임대료 걱정 없는 중국인 임차인

모든 중국인이 그런 것은 아니지만 중국인은 보통 월세를 밀리지 않고 잘 내기로 유명해요. 이 이야기를 하는 이유는 제가 가장 마지막으로 산 상가의 임차인이 중국인 부부이기 때문이에요. 젊은 부부인데 수완도 좋은 것 같아요. 특이하게 중국인인데 횟집을 운영해요. 그들과 임대차 계약을 하는 날, 저에게 2년 뒤에도 가게를 계속 운영하고 싶다고 해서서 제 마음을 다 흐뭇하게 했어요. 10년이고, 20년이고 제발 하시라고 말씀드렸고요. 역시나 다른 중국인처럼 이분들도 임대료를 제날짜에 잘 보내주세요. 한 가지 단점은 아무래도 말을 할 때 중국 억양이 섞여 있어서 못 알아 들을 때가 있다는 거예요. 흥분해서 말이 빨라지면 제가 더 못 알아 듣겠더라고요.

옆에서 지켜보니 중국인을 무시하는 우리나라 특유의 배타적인 문화로 고생을 많이 하세요. 고액의 관리비를 내는 임차인임에도 불구하고 관리실도 요구사항을 말하면 중국인이라고 약간 무시하며 응대하더라고요. 안타깝기도 하고 답답해서 제가 직접 관리실에 연락해 잘 부탁드린다고 했어요. 그랬더니 그다음에 무언가 문제가 생기면 관리실도, 임차인도 서로 저에게 전화해서 중재를 맡기더라고요. 중간에서 좀 번거롭기는 하지만 은연중에 중국인을 무시하는 우리 문화 때문에 생긴 일이니 제가 끼어들 수밖에 없더라고요. 코로나19로 경기가 어려울 텐데 다행히 장사가 잘되는 것 같아요. 임대인 입장에서 참 고마울 뿐이지요. 저는 다른 상가에도 중국인이 들어온다면 언제든 '예스'입니다. 임대료만 질 내면 뭐 다른 거 따질 필요가 있나요?

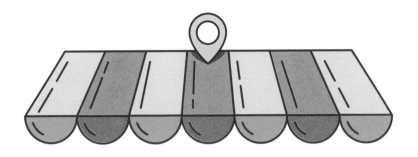

상가의 리스크,
공실과 연체

상가 투자의 가장 큰 리스크는 공실과 연체입니다. 이 양대 리스크가 초보 투자자들이 상가에 쉽게 도전하지 못하는 제일 큰 걸림돌이기도 해요. 공실 리스크는 대출 이자와 생각보다 많이 나가는 관리비입니다. 그래서 전 상가를 살 때 꼭 관리비가 얼마인지 체크해요. 상가는 분양면적(계약면적)과 전용면적으로 구분되는데요. 관리비는 분양면적으로 계산됩니다(공동으로 사용하는 복도, 엘리베이터 등이 다 분양면적에 들어가요). 대출 이자야 내가 빌린 돈에 대한 이자이니 그래도 억울하지는 않아요. 하지만 공실 시 발생하는 관리비는 좀 억울한 측면이 있어요. 저는 소형 상가라 그나마 부담이 덜한

월 500 임대료 받는 엄마의 상가 투자 시크릿

데 대형 평수의 상가를 매수하면 이 관리비가 만만치 않아요. 단지 내 상가는 관리비가 비교적 적고, 일반 상가는 보통 평당 1만 원 정도 하는 것 같아요. 예를 들어 분양면적 50평, 전용면적 35평이라면 관리비는 50만 원가량이에요.

공실과 연체, 최대한 피하자

저는 공실 리스크를 줄이기 위해 되도록이면 임대차가 맞춰진 상가를 샀어요. 사실 이 방법이 가장 마음이 편해요. 또 임대차 기간도 확인했고요. 임대차 기간이 얼마 안 남은 경우에는 재계약 여부도 매도인이나 공인중개사를 통해 확인해달라고 요청했어요. 공실 리스크를 관리하고 싶다면 아주 작게나마 권리금이 형성된 자리가 좋아요. 그래야 임차인이 쉽게 안 나가니까요. 제가 가진 상가들은 임대료가 저렴해서 금액은 크지 않지만 권리금이 500만~1천만 원 정도로 형성되어 있어요. 이렇게 작은 금액이라도 권리금이 걸려 있으면 임차인이 자리를 지킬 확률이 높아집니다.

매수 전에 관리비도 반드시 확인해야 해요. 예전에 직장동료가 수익률은 낮지만 임대료가 꾸준히 잘 나오던 사무실을 하나 갖고 있었는데요. 어느 날 두 달 공실이 되었대요. 분양면적 50평짜리 사무실이어서 관리비만 매달 50만 원씩 나갔다고 하더라고요(대출 이자는 당연히 따로 나갔고요). 두 달 사이 관리비만 100만 원에 달하니 나중에는 그냥 팔아버렸다고 하더라고요. 막상 공실이 생기니 관리비가 너무 부담스러웠고, 그 두 달 동안 스트레스를 굉장히 많이 받았다고 해요.

상가는 공실도 문제지만 임대료 연체와 미납도 큰 리스크입니다. 상가를 갖고 계신 분들은 모두 저마다 임대료를 관리하는 노하우가 따로 있을 거예요. 제가 소개하는 방법이 꼭 정답은 아니니까 여러 방법을 활용해보시고 가장 효율적인 방법을 선택하시면 될 것 같아요.

첫 상가를 매수할 때 담당 공인중개사가 저에게 임차인이 임대료를 연체해도 15일 정도는 기다렸다가 연락하라고 조언하시더라고요. 그때는 무슨 말도 안 되는 소리인가 싶었어요. 15일씩이나 기다리라니요. 알고 보니 그분은 이미 상가를 여러 개 갖고 계셔서 임대료가 좀 연체되더라도 느긋하시더라고요. 물론 15일을 기다리는 게 임차인과 좋은 관계를 형성하고 길게 가는 방법일 수도 있어요. 하지만 저는 다른 방법을 선택했습니다.

'안녕하세요, 새로운 임대인입니다. 오늘 첫 임대료 입금일인데 계좌번호 확인차 문자 보내드립니다. ○○은행 000-00000-0000 예금주 ○○○입니다. 앞으로 잘 부탁드립니다.'

앞서 잠깐 소개했지만 저는 매수 후 첫 임대료 입금일 오전에 이런 문자를 보내요. 최대한 간결하게 용건만 적어서 보내면 대부분 임대료가 첫날에 잘 들어와요. 경험상 첫날부터 연체 없이 임대료를 잘 내는 임차인은 이후에도 쭉 날짜를 잘 지키세요. 한두 번 바빠서 깜박하는 경우만 제외하고요. 이후 두 번째 임대료부터는 입금 당일에 임대료가 입금되지 않으면 일단 하루를 기다리고, 그 다음 날 오전 10~12시 사이에 문자를 보내요.

'사장님, 임대료가 아직 안 들어왔네요. 확인 바랍니다.'

깜박한 경우에는 곧바로 죄송하다는 연락이 와요. 혹 다른 사정이 있는 경우에는 사정을 말해주고요. 임대차를 해보니 의외로 임대료를 늦게 보내는 걸 당연하게 생각하는 임차인이 많더라고요. 사람이 참 다 제 마음 같지가 않아요. 그래서 전 처음부터 임대료 입금일을 잘 지키실 수 있도록 하루만 늦어도 바로 문자를 드립니다. 이렇게 몇 번만 연락하면 대부분 제날짜에 잘 입금해주시더라고요. 혹 당일에 입금을 못 해주시면 미리 문자를 보내주시고요. 미리 양해를 구하면 전 이렇게 답변을 드려요.

'네, 괜찮습니다. 그럼 말씀해주신 ○○일까지 입금해주세요. 미리 말씀해주셔서 감사합니다. 수고하세요.'

코로나19처럼 외부 변수로 불경기가 장기화되면 임대료 연체가 만성화되는 경우가 있어요. 이 시기에 임대료를 제날짜에 보내줄 수 없을 것 같다는 문자를 받으면 저는 이렇게 말씀드려요.

'사장님, 혹시 한 번에 입금하시기 어려우시면 나눠서 보내주실 수 있으신가요? 나중에 한 번에 보내면 사장님도 힘드실 것 같아요. 그리고 실례가 안 된다면 언제까지 보내주실 수 있으신지 날짜 확인 부탁드려요. 저도 대출 이자 등이 나가야 해서요.'

이렇게 서로 양해를 구하면 얼굴 붉힐 일이 없어요. 그럼 임대료도 안 보내고, 연락도 안 되는 임차인은 어떻게 할까요? 저도 첫 임대료 입금일부터 말도 없이 임대료를 안 보내는 임차인을 겪은 적이 있어요. 생각해보니 첫 상가 임차인이 그랬네요. 임차인이 저보다 나이가 많다 보니 아무래도 저를 만만하게 본 것 같아요. 그렇다고 해서 제가 억지로 드센 모습을 보이거나, 굳이 화를 내며 문제를 만들고 싶지는 않았어요. 전 세상사 좋은 게 좋은 거라고 생각해요. 무엇이든 좋게 좋게 해결하자는 주의예요.

임대료를 입금해달라고 문자를 보냈는데 요즘 유행어로 '읽씹'을 당했어요. 그래서 오후에 전화를 했어요. 안 받아요. 저도 점점 속이 부글부글 끓었어요. 사실 임대료가 문제가 아니에요. 임차인의 무례함이 저를 불쾌하게 했어요. 무슨 이유라도 설명을 해야 하는데 말이 없어요. 그렇게 하루가 지나갔어요. 그다음 날 오후에 제가 또 전화를 해요. 이제 문자 따위는 저도 보내고 싶지 않아요. 역시나 안 받아요. 그러더니 그다음 날 오후에 아무 말 없이 임대료를 보내요.

임대료를 받고도 '이건 뭐지?' 하며 불쾌했어요. 제 상식으로는 이런 방식이 이해가 안 갔거든요. 어쨌든 임대료가 들어왔으니 따로 별말 하지 않았어요. 하지만 다음 달 임대료가 또 걱정되더라고요. 역시나 다음 달 임대료도 제때 입금을 안 해요. 그다음 날 저번 달에 보낸 것과 같은 문자를 보내요. 역시 답이 없어요. 임대료도 안 보내요. 늦은 오후에 전화를 했어요. 역시 안 받아요. 아, 진짜 화가 너무 났어요. 그다음 날 제가 공인중개사무소에 전화해서 사정을 말했어요. 임차인과 이야기 좀 해보시라고요. 임차인은 공인중개사에게 임대인이 너무한 것 아니냐, 임대료를 며칠 지나서 보낼수도 있지 꼭 그날 보내야 하는 거냐면서 기분 나쁘다 하더래요. 그정도도 못 기다리느냐고 하소연했대요.

전 납득이 안 갔어요. 날짜가 정해져 있고 어차피 낼 건데 왜 그걸 아무 말 없이 며칠 뒤에 낼 생각을 하는 건지. 그때는 화가 많이 났는데 지나고 보니 임차인 성향에 따라 복불복인 것 같아요. 사실 이런 성향의 사람들은 제가 일일이 어찌 수가 없어요. 그러니 최대한 이런 임차인은 미리 걸러야 해요. 사실 이 임차인은 들어올 때부터 당장 돈이 없다며 보증금을 반만 먼저 내고, 나머지 반은 6개월 뒤에 주기로 한 임차인이었어요. 보증금을 분할 납부하겠다는 말이 나왔을 때부터 걸렀어야 했어요.

저는 임차인에게 다시 문자를 보냈어요. 이런 분은 자존심을 건드리지 않고 살살 달래는 게 좋을 것 같았어요. 그리고 그때는 이게 첫 상가라서 제 진심이 담겨 있었어요. 이 임차인은 결국 1년 내내 제날짜에 임대료를 입금한 적이 손에 꼽았어요. 임대인과 임차인은 서로 연락할 일이 없는 게 가장 좋은 건데, 저는 이분과 1년 내내 기싸움 아닌 기싸움을 벌여야 했어요.

보증금 분할 납부도 기어코 문제가 터졌어요. 6개월 뒤에 남은 보증금을 받을 때도 또 잠수를 타셨어요. 정말 세상 힘들게 남은 보증금을 받았어요. 그렇게 2년을 같이 보내다 보니 이제는 미운 정 고운 정이 다 들었네요. 서로에게 익숙해져서 연체하더라도 그러려니 합니다. 다행히 이제는 제날짜에 임대료를 못 주시면 미리 문자도 보내주세요. 많이 발전했지요? 코로나19로 사회적 거리두기 단계가 격상되자 저는 '이분은 당연히 또 임대료를 늦게 내시겠구나.' 했는데, 어쩐 일인지 제날짜에 임대료가 딱 들어오더라고요. 무슨 일인가 싶어서 제가 그날 로또를 다 샀네요.

올해 계약 기간 2년이 만기가 되는데 계약도 연장하셨어요. 2층 상가라 걱정이 많았는데 그래도 버틸만 하신가봐요. 다행이에요. 경험상 연체도 습관이고 임차인의 성향과 무관하지 않더라고요. 장사가 정말 힘들어서 연체하는 경우를 제외하고는 대부분 그

월 500 임대료 받는 엄마의 상가 투자 시크릿

렇더라고요. 어차피 사람이 하는 일이니 그냥 서로 기분 상하지 않게 대화로 푸는 게 가장 좋은 것 같아요.

◉ 공실을 미리 막는 방법

전 임차인에게 계약 만료 4개월 전에 미리 연락을 해요. 혹시 계약을 연장할 예정인지, 나갈 예정인지 묻기 위해서입니다. 미리 임차인의 의중을 알아야 저도 보증금을 준비하고, 공실에 대비해서 공인중개사무소에 물건을 내놓을 수 있으니까요. 그렇게 해야 임차인도 조금이나마 권리금을 챙길 수 있고요. 혹 연장한다고 하면 1년인지, 2년인지도 물어봐요. 경기가 어려운 시기에는 불안하니 1년만 연장하는 경우가 많은데, 이 부분은 경우에 따라 장단이 있어요. 임차인 입장에서는 만약 코로나19가 일찍 종료되고 경기가 좋아지면 1년 연장보다는 2년 연장이 좋아요. 임대인이 1년 뒤 임대료를 5% 인상할 수 있으니까요. 하지만 경기가 계속 어려우면 1년 뒤에 자유롭게 나갈 수 있으니 1년 연장이 좋은 선택일 수 있어요.

이건 제가 가진 다른 상가 이야기인데요. 임차인이 계약 만료를 앞두고 일단 계약을 1년 연장한 다음, 이후에 권리금을 받을 수 있으면 계약 중간에라도 나가겠다고 했대요. 저는 그렇게 하라고 했고요. 대신 새 임차인에게는 임대료를 10% 인상된 금액으로 받겠다는 조건을 걸었어요. 이렇게 중도에 퇴실하면 기존의 임차인이 부동산 중개수수료를 부담해야 해서 제 입장에서는 손해 볼 게 없어요. 또 운 좋게 새 임차인이 들어오면 임대료도 10% 올려서 받을 수 있고요.

아직까지 다행히 저는 공실을 경험한 적이 없어요. 약간의 연체는 있었지만 달을 넘긴 적도 없고요. 공실과 임대료 연체를 방지하는 노력은 상가를 매수하는 첫날부터 상가를 가지고 있는 기간 내내 신경 써야 하는 부분인 것 같아요. 특히 공실은 최대한 미리 방지하는 게 중요해요. 지금도 저는 상권 분위기를 파악하고, 장사가 잘되는지 확인하기 위해 종종 시간을 내서 제 상가들을 둘러보곤 해요. 누가 임대소득을 불로소득이라고 했나요? 세상에 정말 공짜는 없는 것 같아요.

상가 살 때 부동산에 뭐라고 문의해야 할까?

공인중개사무소에 전화해서 상가 매물에 대해 물어볼 때 무엇부터 물어봐야 할까요? 꼭 필요한 질문 리스트를 간단하게 정리해드릴게요. 생각해보니 저도 처음에 상가를 살 때 공인중개사에게 무슨 말을 해야 하나 고민했던 기억이 있네요.

1. 사장님, 네이버 부동산 보고 연락드려요. 상가 매물 올리셨던 데 궁금한 게 좀 있어서요(공인중개사는 관리하는 상가 매물이 많으니 제가 말하는 게 뭔지 잘 몰라요. 기억할 시간과 힌트를 줘야 해요).
2. 가격대는 얼마이고, 어느 위치에 나온 건지 알려주세요.
3. 이 가격이 부가세 포함인 건지 확인해주세요(혹 간이과세자로 부가세를 안 내는 임차인은 아닌지 확인해야 해요).
4. 지금 임대료가 깎아준 건가요? 아니면 원래 임대료인가요?

5. 임대차 기간은 얼마나 남았어요? (얼마 안 남았다면) 재연장 계획은 있으신가요?

6. 장사는 잘되나요?(이건 공인중개사가 대답하지 못할 수도 있는데, 어차피 손해 볼 것 없으니 최대한 다 물어보는 게 좋아요.)

7. 임차인은 여기서 장사한 지 얼마나 되었나요? (얼마 안 되었다면) 그럼 그전에 여기는 뭐하는 곳이었나요?

8. 사장님, 여기 관리비는 얼마나 나오나요?

9. 매도인은 여기를 왜 파는 건가요?

매번 이렇게 물었더니 공인중개사무소 측에서 대뜸 혹시 공인중개사냐고 하시더라고요. 다른 공인중개사가 자기 물건을 낚아채는 줄 알고요. 이때는 투자자라고 말해야 해요. 또 얼마 선에서 물건을 보고 있다고 희망 매매가를 분명히 밝히면 좋아요. 간혹 보고 서로 물건을 쫙 정리해서 주시는 공인중개사도 있더라고요.

이렇게 대충 확인하고 마음에 들면 주소를 물어서 등기부등본을 확인해요. 얼마 전에 괜찮아 보이는 물건이 있어서 등기부등본을 확인했는데, 매도인이 두 달 전에 2억 원에 산 물건을 2억 9천만 원에 다시 내놨더라고요. 제가 등기부등본을 확인했다며 매수 후두 달 만에 9천만 원이나 올려서 파는 이유를 물으니 공인중개사가 놀라시더라구요. 공인중개사는 이 내용을 알고 있는 것 같았지만따로 이유는 말해주지 않았어요. 그저 저한테 미리 등기부등본까지

월 500 임대료 받는 엄마의 상가 투자 시크릿

확인하시는 분은 처음 봤다고 하더라고요.

　이렇듯 조금만 손품을 팔면 현장에 가기 전에 미리 알아볼 수 있는 것이 많아요. 공인중개사무소에 전화만 해도 생각보다 많은 것을 알아낼 수 있어요.

"양손을 주머니에 넣고서는
성공의 사다리를 오를 수 없다."

_엘마 윌러

5장

상가 투자도
요령은 있다

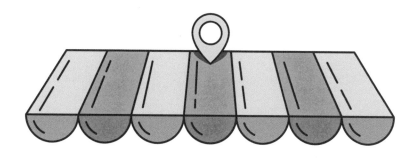

힘든 투자는 지양하고,
단순한 투자는 지향하고

저는 첫 투자를 아파트 갭투자로 시작해서 그런지 아직도 갭투자가 가장 자신 있어요. 낡은 아파트를 사서 인테리어를 깨끗하게 하고 전세입자를 들인 다음, 잘 보유하고 있다가 적정한 시기에 매도하면 됩니다. 상황에 따라 매도인에게 매수 후 전세로 사시라고 권하기도 하고요. 이때는 집값이 많이 오르면 매도인이 전세로 살다가 뿔이 날 수 있으니 상황을 잘 봐야 해요. 반대로 전 제 집을 팔 때도 매도 후 제가 전세로 거주하는 조건을 걸곤 해요. 세금 때문에 집을 팔아야 했는데 실거주 만족도가 높아서 계속 거주하기를 희망했거든요. 매수인이 갭투자자라면 이 조건을 더 좋아했어요. 지금 집도 매도 후 전세를 연장하면서 살고 있는데 집주인이 벌써 두 번이나 바뀌었네요. 새로운 집주인도 또 전세를 연장하라고 권해요. 서로 윈윈이니 나쁠 건 없지요.

아파트 갭투자 다음으로 잘하는 건 공실이 안 나는 작은 상가 매물을 찾는 것입니다. 잘한다기보다는 이게 제게 잘 맞고 가장 편한 방식이라는 걸 알게 되었어요. 그래도 자만하거나 방심하지 않아요. 늘 잘해왔어도 실수 한 번에 다 망칠 수 있으니까요. 그래서 항상 많이 버는 투자보다는 잃지 않는 투자를 하려고 해요. 이런 투자 방식은 장단이 있어요. 장점은 원금을 잃을 확률이 거의 없어요. 단점은 크게 못 번다는 거고요. 투자는 좀 과감해야 크게 벌 수 있어요. 알다시피 대출도 용감하게 지르고, 20평 살 거 돈을 좀 보태서 30평 사고, 한 개 살 거 두 개 사야 크게 벌 수 있어요. 그런데 제 성격상 그게 잘 안 되더라고요.

잘하는 분야에만 집중하자

누군가는 아파트 분양권 투자도 잘하고, 상가 건물을 사서 리모델링한 다음 높은 시세차익을 누리기도 해요. 리스크를 감수하고 재개발·재건축 물건만 노리는 투자자도 있고, 땅을 사서 태양광 사업을 하거나 창고를 지어서 임대를 내놓기도 해요. 제 눈에는 다들 참 대단해 보여요. 저는 왜 그런 방식의 투자가 어려운 걸까요. 아파트 투자로 시작했지만 부동산 투자의 세계는 무궁무진해요. 하다 보니 각자의 영역에서 날고 기는 사람이 많아요. 그들에 비하면 저는 정말 작고 초라해요. 자산도, 수익률도 다른 고수들과 비교하면 새 발의 피예요.

투자를 하다 보면 투자의 목적을 망각하고 투자 자체에 집중하게 될 때가 있어요. 제 투자의 목적은 외벌이 배우자의 짐을 좀 덜어주고, 경제적인 부분에서 어느 정도 자유로워지는 거예요. 그럼 결국 수익만 꾸준히 내면 되는데 어느 순간 자꾸 투자를 레이싱처럼 생각해서 다른 것도 해보고 싶더라고요. 마치 이력서에 쓸 경력을 채우듯이 다른 분야에 자꾸 손이 가요. 그러다가 드디어 마음을 잡았어요. 굳이 남과 나를 비교할 필요가 없다는 걸 깨달았기 때문입니다.

어차피 다른 영역은 제가 다 알지도 못하고, 알아봤자 시도할 수도 없어요. 제가 잘하는 분야에 집중하기에도 시간과 돈이 모자라요. 관심 있는 분야, 그리고 잘하는 분야에서만이라도 성공하면 다행이다 싶어요. 어차피 투자는 심리전이에요. 몇 번 부동산 투자를 해보니 제 심리를 잘 조절하는 게 가장 중요하더라고요. 남과 비교하지 않고, 욕심내지 않고 투자를 하는 그 본원적인 이유에 집중하는 게 좋은 것 같아요.

저는 복잡하고 힘든 투자가 싫어요. 단순하고 쉬운 투자가 좋아요. 그래서 큰돈은 못 벌어도 그런 투자만 하고 있어요. 굳이 스트레스 받으면서 투자할 필요는 없어요. 욕심이 앞서서 능력 이상으로 애쓸 필요도 없고요. 한 줌의 욕심 때문에 투자를 망칠 수 있어요. 그래도 혹시 저도 모르게 또 잘하는 분야가 있을지 모르니 책은 꾸준히 읽어야겠어요.

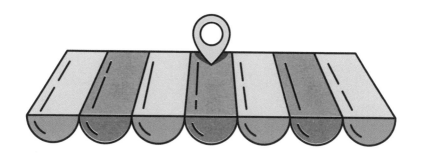

비관적인 목소리에
휘둘리지 말자

상가를 사면 여기저기 자랑하고 싶어져요. 진짜 고수들은 조용하게 잘 살고 있는데 저는 진짜 고수는 아닌가 봐요. 회사도 안 다니는데 일정한 날짜에 수입이 따박따박 들어오니 감회가 새롭더라고요. 이런 기쁨을 나만 누리기엔 아깝다는 생각이 들어서 주변에 알리고 싶었어요. 아파트는 집값이 올라도 체감을 별로 할 수가 없어요. 왜냐하면 수익을 실현하지 않으면 사이버머니와 다를 게 없기 때문이에요. 그런데 상가는 달랐어요. 상가의 매매가가 오르거나 말거나 제날짜에 정해진 현금이 들어오니까요. 그것도 바로 꺼내 쓸 수 있는 현금이에요. 아이들 학원비로 쓸 수도 있고, 얼마 안 되지만 주식에 재투자도 가능해요. 직장생활을 10년 넘게 했기 때문일까요? 일도 안 하고 돈이 들어온다는 게 너무 신기했어요. 지인에게 권하고 싶을 정도로 좋았어요. 그런데 주변의 반응이 제 기대와는 사뭇 달라요.

"상가? 큰일 나려고! 요즘 죄다 공실이잖아."
"동대문 ○○쇼핑몰 퇴직금으로 분양받았다가 전부 쪽박 찬 거 몰라?"
"상가는 세금으로 다 떼어 간다며? 남는 게 있어?"

어디서 보고 들은 이야기들이 쏟아져요. 정작 상가를 실제로 갖고 있는 사람은 없어요. 실제로 지인의 지인 중에 분양상가를 받아서 돈을 다 날렸다는 소식을 들은 적은 있어요(이것조차 제 지인이 아니라 지인의 지인이에요). 그만큼 주변에 상가 투자를 하는 사람이 적다는 소리예요. 제대로 알아보지 않고 분양사원의 말만 믿고 투자했으니 망하는 건 수순이고요.

편견에 가득 찬 사람에게는 정보를 주고 싶어도 줄 수가 없어요. 줄 수 있는 정보라고 해봤자 '나 이런 데 투자했는데 이렇게 수입이 안정적이야.' 정도입니다. 그런 정보라도 좀 들으면 적극적으로 묻거나 알아보려고 할 텐데 다들 그냥 혀를 차요. 저를 불쌍하다는 듯이 보기도 하고요. 진짜 불쌍한 게 누군지 모르겠어요.

그러다가 코로나19가 터졌어요. 기다렸다는 듯이 주변에서 연락이 와요.

"잘 지내지? 상가는 어때? 많이 힘들지?"
"어휴, 상가 얼른 팔라고 했잖아. 요즘 경기도 안 좋은데."
"내가 아는 사람도 지금 상가 때문에 엄청 고생하고 있어."

별별 이야기가 줄줄이 나와요. 제가 망하기를 바라는 사람이 이렇게 많은지 처음 알았어요. 전 코로나19에도 불구하고 공실 없이 잘 살고 있었어요. 임차인이 요청하지도 않았는데 제가 먼저 임대료 인하를 제안할 정도로 여유도 있었고요. 이런 이야기를 친정에 해도 "그래도 그만 사. 위험해."라는 말만 계속 돌아오네요. 용돈을 좀 드리면 더 사라고 하시려나요.

비관주의의 유혹에서 벗어나라

모건 하우젤의 『돈의 심리학』에 따르면, 사람들이 경제적 비관주의에 쉽게 빠지는 이유는 비관주의가 낙관주의보다 똑똑하고 합리적으로 느껴지기 때문이라고 합니다. 사람들이 경제적 비관주의에 더 잘 설득되는 이유는 다음과 같아요. 첫째, 일단 경제적으로 안 좋은 일이 생기면 모든 사람에게 영향을 미칩니다. 둘째, 비관주의자는 시장의 유연성과 적응력을 고려하지 않고 미래를 추정합니다. 셋째, 진보는 너무 느리게 일어나서 알아채기 힘들지만 파괴는 너무 빠르게 일어나서 무시하기 어렵습니다. 이러한 맥락을 모르면 비관주의가 낙관주의보다 더 똑똑하고 합리적이라고 오해할 수 있어요.

요즘은 인터넷에 정보가 넘쳐요. 카페도 많고, 블로그도 많아요. 제가 자주 가는 커뮤니티에는 여러 투자자의 투자 후기가 올라와요. 읽으면서 다들 참 재주도 좋다 싶었어요. 이렇게 눈으로만 보다가 첫 상가를 사던 날, 저도 드디어 제 영웅적인 투자담을 털어놓을 기회가 왔어요. 얼마나 좋았는지 몰라요. 반응도 궁금했고요. 역시 투자자가 많은 곳이다 보니 시큰둥한 지인들과는 반응이 달랐어요. 다들 진심으로 축하해주더라고요. 서로 모르는 사람들이기도 하고, 공감대가 형성되어 있다 보니 좀 더 솔직하게 말할 수 있었어요.

그러다가 한 분이 제게 쪽지를 보냈어요. 은행에서 근무하시다가 퇴직하신 분이었어요. 저랑 연령대도 비슷하고, 처한 사정도 비슷했어요. 이분도 갑자기 수입이 끊기니 다달이 돈이 들어오는 수익형 부동산이 필요했나 봐요. 제가 투자한 곳이 어디인지 알고 싶다는 쪽지를 보고, 조심스러웠지만 투자의 책임은 본인에게 있다는 언질과 함께 장소를 알려드렸어요. 그리고 제가 알고 있는 그 상가와 인근 공인중개사무소에 대한 정보도 함께 알려드렸어요. 왜 제 지인 중에는 같은 말을 듣고도 어디를 샀는지, 어디에서 알아보면 되는지 물어보는 사람이 한 명도 없었을까요? 지금도 의문이에요.

어쨌든 나중에 알게 되었지만 저에게 조언을 구한 분은 강남 재건축 단지에 살고 있는, 제 기준으로 볼 때는 부자 중의 부자였어요. 투자 경력도 저보다 선배님이셨고요. 상가 매수도 이게 처음이 아니었어요. 그냥 제 글을 읽고 호기심에 수익률 좋은 상가가 어딘지 궁금하셨던 거예요. 이분은 결국 제가 산 상가 건물에서 다른 상가를 사셨어요. 아직까지 서로 얼굴도 모르고 연락처도 몰라요. 그냥 카페를 통해 대화했으니까요.

그럴 필요는 없는데 저한테 빚진 기분이 드시는지 카페를 통해 계속 저에게 투자 물건을 소개해주시더라고요. 그런데 추천해주시는 투자 물건이 저한테는 너무 어렵고 난이도가 높았어요. 이분은 강남에 사셔서 그런지 자연스럽게 강남 위주로 투자를 하시더라고요. 최근에는 고속터미널 부근에 투자를 하신다고 해요. 거기는 오픈상가(사방에 벽 없이 뚫려 있는 상가)라 대출도 안 나와요. 월세도 작은 걸로 이는데 시세차익을 기대하고 매수하는 물건이라고 해요. 같은 상가 물건이지만 저는 조금 생소했어요.

지금도 그분은 좋은 투자처가 있으면 저에게 알려주세요. 마음만이라도 너무 감사해요. 저도 투자에 대해 어디 말할 데도 없고 해서 말하고 싶은 게 생기면 그분에게 이야기해요. 투자를 하다 보면 외로워요. 혼자 결정하고 혼자 선택하고 혼자 책임져야 하거든요. 같이 의논할 친구가 있다는 건 정말 좋은 일이에요. 너무 가까운 지인이라면 불편할 수도 있어요. 어느 한 명이 잘되면 시기할 수도 있고요. 우리는 서로 얼굴도 모르고 격차가 너무 커서 시기도, 질투도 안 해요. 이런 적당한 거리의 친구가 있다는 게 좋은 것 같아요.

세상이 험하니 다른 사람의 말을 곧이곧대로 믿으면 안 되겠지만, 커뮤니티를 통해 같은 관심사를 가진 사람이 많다는 걸 알게 되었어요. 덕분에 저도 몰랐던 다양한 정보를 얻게 되었고요. 투자는 유연한 사고가 중요한 것 같아요. 그렇다고 너무 유연하게 모든 분야에 대해 다 공부하고, 시도할 필요는 없어요. 마음 편히 그중에 자신에게 맞는 방식을 선택하면 됩니다.

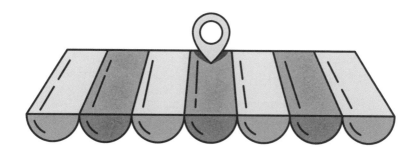

계약 후에는
되돌릴 수 없다

슬픈 이야기예요. 몇 년 전에 시어머님께서 수익형 부동산을 사셨어요. 노후가 불안하셨는지 어느 친목 모임에서 알게 된 지인으로부터 오피스텔 분양 정보를 얻으셨다고 해요(여기서부터 불길해요). 솔깃한 제안에 노인분들끼리 우르르 가셔서 그만 계약도장을 꾹꾹 찍고 오셨다고 하더라고요. 그나마 다행인 건 시어머님은 그 오피스텔을 한 채만 매수하셨어요. 계약금 10%만 내면 중도금 대출까지 무이자로 시행사에서 다 해준나는 말에 두 채씩 매수하신 분도 있었나 봐요. 완공 전에 피를 받고 전매로 팔면 된다는 전형적인 말에 속아 장밋빛 미래를 꿈꾸셨을 거예요.

분양상담원은 매달 월세를 받을 수 있고, 시세차익도 기대할 수 있으니 이만한 게 어디 있냐고 했대요(세금은 일절 고려하지 않았어요). 결과가 어땠을까요? 당연히 잔금 전에 팔리지도 않았고 월세입자도 맞춰지지 않았어요. 나중에 시어머님께서 마음고생을 하시다가 저희에게 고백하셨어요. 현장에 가봤더니 오피스텔을 지어도 너무 많이 짓고 있었고, 다음 달에도 그다음 달에도 완공 물건이 계속 나오는 현장이었어요. 급히 매물로 내놨고 결국 간신히 마이너스 2천만 원 피로 매도했네요. 그 뒤로 가끔 생각날 때 검색해봤는데 분양가보다 마이너스 4천만 원에서 거래되는 것을 보고 안도의 한숨을 내쉬었어요. 이제는 그 오피스텔 이름도 기억이 안 나요. 그때가 2017년이었는데 당시에는 아무 아파트나 사도 잘 오르던 때였어요. 하필 오피스텔을 사셔서 노후에 쓰셔야 할 소중한 2천만 원만 날리신 겁니다.

2천만 원이면 월 100만 원씩 1년 8개월을 모아야 하는 돈이에요. 그거 아세요? 우리는 먹는 데, 입는 데, 노는 데 쓸 때는 100만 원도 아까워서 벌벌 떨면서 못 써요. 그런데 투자로는 그게 주식이든, 부동산이든, 하다못해 가상화폐든 200만 원, 아니 2천만 원은 쉽게 날리는 경우가 많아요. 제가 그때 시어머님께 솔직하게 말씀드렸어요. 차라리 써서 없어졌으면 아깝지나 않지 노후에 이 귀한 돈을 투자에 날린 건 너무 아깝다고요. 지금은 투자하실 때가 아니라 지키고 쓰실 때라고요.

이후 시어머님은 부동산이라면 지긋지긋 하시다며 쳐다보기도 싫다고 하셨어요. 과연 그러셨을까요? 그로부터 딱 2년이 지났어요. 엄청난 부동산 상승장이 계속 이어져요. 여기저기 아파트로 돈을 벌었다고 들썩여요. 시어머님께서 말씀하세요. "나도 아파트 하나 사볼까?" 오피스텔 문제가 생각보다 수월하게 해결되어서 잊으신 듯해요.

다행히 2020년에 괜찮은 소형 아파트를 한 채 사셨어요. 아파트 값이 잘 올라서 오피스텔로 손해 본 마이너스를 상쇄시켰어요. 이 소형 아파트가 시어머님의 오랜 부동산 한을 풀어주었네요. 아직 미실현 수익이라 사이버머니와 다른 게 없지만요.

📍 매수 전
공부는 필수

오피스텔도 상가와 마찬가지로 대표적인 수익형 부동산이에요. 상가랑 수익률 면에서는 비슷해요. 상가보다 더 좋은 물건도 있고요. 오피스텔을 몇 채씩 사서 잘 꾸리는 사람도 많아요. 오피스텔에 투자하시는 분은 또 그것만 하시더라고요. 다만 오피스텔의 원래 목적은 업무용이에요. 주거용으로 사용하면 주택 수에 포함되어서 취득세, 양도세를 적용받게 됩니다. 부동산 규제 전에 잘 알아보

고 투자했다면 오피스텔도 수익이 나쁘지 않았을 겁니다. 안타깝게
도 시어머님은 수요보다 공급이 너무 많은 곳에 투자를 하셨어요.

상가가 되었든, 오피스텔이 되었든 누가 권해주는 물건은 더 조
심해야 해요. 남들 따라 덥석 사면 안 됩니다. 특히 쌈짓돈을 갖고
계신 노인분들이 많이 당하세요. 물론 젊은 분들도 섣부르게 계약
도장을 꾹 찍고 나와서 후회하는 경우가 많아요. 계약 후에는 되돌
릴 수 없어요. 그러니 사전에 공부는 필수입니다. 투자는 아무도 책
임져주지 않아요. 시중에 나와 있는 책만 몇 권 정독해도 절대 당할
일이 없을 텐데 참 안타까워요.

월 500 임대료 받는 엄마의 상가 투자 시크릿

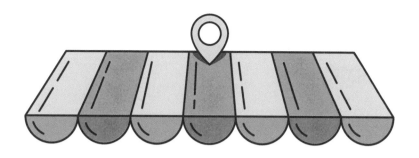

너무 저렴한 월세 상가는
사지 마세요

최근에 한 지인이 매매가 1억 5천만 원, 보증금 500만 원, 월세 40만 원짜리 상가가 있는데 살지 말지 고민이라며 연락을 주셨어요. 저는 싼 게 비지떡이라고 말씀드렸고요. 실제로 네이버 부동산을 보면 매매가 1억 원 전후의 저렴한 상가가 참 많아요. 특히 1억원 미만의 상가를 보면 워낙 저렴하다 보니 크게 물릴 것 같지도 않아서 없던 용기가 생겨요. 이런 상가들의 공통점은 임대료가 대개 30만~50만 원 정도라는 것입니다. 저도 상가에 대해 잘 모르던 시절에는 이런 물건을 보면 마음이 흔들리곤 했어요.

싼 게
비지떡

한때는 저도 매매가가 저렴한 상가를 굉장히 매력적으로 봤어요. 소액을 투자해서 매달 30만~50만 원을 벌 수 있다니 얼마나 좋아요? 과거에 매매가 6,500만 원, 보증금 300만 원, 월세 30만 원짜리 물건을 본 적이 있어요. 이 정도 금액이면 대출도 필요 없겠다 싶어서 연락을 해봤어요. 제가 구매를 망설이자 매매가가 6천만 원까지 내려갔어요. 매도인이 급히 돈이 필요하다는 이유였어요. 매매가 내려가니 수익률이 무려 6.3%까지 치솟았어요. 해당 물건은 1층이었고 공인중개사무소가 들어와 있었어요.

살까 말까 고민하다가 커뮤니티에 질문을 올렸어요. 그때 어떤 분이 이렇게 말씀해주시더라고요.

'임대료가 너무 저렴한 상가는 안 하시는 게 좋습니다. 임대료 인상 상한도 5%이고 세금을 제하면 남는 게 별로 없어요. 관리하기만 귀찮습니다.'

생각해보니 맞는 말이더라고요. 임대료가 30만 원이라는 건 1년 지나서 5% 올려봤자 1만 5천 원 올릴 수 있다는 뜻이잖아요? 또 여기에 세금을 떼면 남는 게 없어요. 단순 명쾌한 답변이었어요.

전 이 글을 읽고 바로 마음을 접었어요.

무엇보다 6천만 원이 어디 작은 돈이던가요? 가진 돈은 없는데, 상가를 너무 사고 싶은 마음에 순간 이성을 잃을 뻔했어요. 저 답글을 보고 정신을 차렸네요. 빨리 임대수입을 받고 싶은 마음에 선부르게 저렴한 상가를 사려고 하시면 안 됩니다. 내 돈은 소중해요. 무엇보다 잃지 않는 투자가 중요하고요. '상가'는 잘못 사면 '상갓집' 된다고 하잖아요? 틀린 말이 아니에요.

분양상가도 마찬가지입니다. 그냥 가볍게 보러 갔다가 수익률을 보장한다는 분양상담사의 화려한 언변에 속아 덜컥 계약하는 경우가 많아요. 일단 한 번 계약하면 절대 무를 수 없고, 일이 잘못되면 잠 못 드는 밤이 시작됩니다. 일단 마음을 차분하게 가라앉히세요. 매물을 찾고 임장하는 과정에서 실력은 저절로 늘어납니다. 포기하지 말고 좋은 물건을 계속 찾아보세요. 다시 한번 강조하지만 1억 원 전후, 임대료 30만~50만 원짜리 상가는 되도록 피하세요. 저는 첫 상가로 100만 원 정도의 임대료가 딱 적당하다고 봅니다. 임대료는 아무리 못해도 70만~80만 원부터 시작해야 해요. 당연히 수익률 확인은 필수고요.

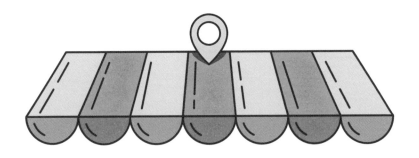

높아지는 대출 금리,
상가 사도 될까?

요즘 갈수록 금리가 높아지고 있어요. 대출 금리도 덩달아 치솟고 있고요. 결론부터 말씀드리면 저는 대출 금리가 올라도 상가를 사도 된다고 생각해요. 몇 가지 고려 사항만 제대로 확인하면요. 그동안은 금리가 낮아서 잘 오르지 않던 구분상가의 가격이 꽤 올랐어요. 부동산 규제로 갈 곳 잃은 돈들이 꼬마빌딩에 몰리면서 꼬마빌딩의 가격도 덩달아 올랐고요. 그런데 최근에 금리가 오르면서 상황이 조금 달라졌어요.

제가 2019년에 퇴사하고 첫 구분상가를 샀을 때만 해도 대출 금리는 3.66%였어요. 두 번째 상가는 3.48%였고요. 같은 은행에서 받았는데 첫 번째 상가의 대출 이율이 더 높았던 이유는 1억 원 미만의 대출이었기 때문입니다. 몰랐는데 1억 원 미만의 대출은 은행에서도 마진이 많지 않아서 금리를 좀 더 받는다고 하더라고요(탁상감정 등 이런저런 비용이 들어간다는 이유였어요). 그다음 2020년에 산 상가의 대출 금리는 2.74%였어요. 전년에 비하면 획기적으로 내려갔어요. 같은 1억 원 대출이었는데 3.48%로 받은 첫 번째 상가는 이자가 월 28만 원 정도였고, 2.74%로 받은 두 번째 상가는 월 23만 원 정도였으니 5만 원씩이나 차이가 나네요.

2021년 초에 산 구분상가는 안타깝게도 옆 상가와 벽을 터서 제1금융권 대출이 불가능했어요. 할 수 없이 제2금융권 새마을금고에서 대출을 받았는데 1년 고정금리 3.9%로 받았어요(은행에서는 향후 금리가 오를 것이라고 판단했나 봐요. 선택권 없이 고정금리로 해주더라고요. 1년 뒤에 금리가 오르면 더 올려 받겠다는 심사지요. 은행 하는 일이 참 야무져요). 새마을금고에서는 제가 신용등급이 높아서 해주는 것이다, 대출 이율도 엄청 잘 챙겨준 것이라고 생색을 냈어요. 워낙 저금리 시기라 억울했지만 상가의 수익률이 좋아서 망설이지 않고 매수했어요.

저는 혹시나 하는 마음에 제 가게랑 터서 사용하고 있는 상가의 등기부등본을 떼어 봤어요. 그런데 그쪽은 제1금융권에서 대출을 받았더라고요! 아, 이게 어떻게 된 일인 것인지. 은행에 안 묻고 상가주에게 직접 전화해서 물어봤어요. 자긴 워낙 그 은행에서 거래를 많이 한 고객이라서 특별히 해줬다고 하네요. 이처럼 언제나 예외는 있으니 능력 있으신 분들은 제1금융권 대출을 알아보시면 될 것 같아요.

생각해보면 저는 상가도 그렇고, 집을 처음 실거주로 살 때도 그렇고 모두 대출 금리가 높았어요. 그런데 높은 대출 금리는 매수 시 고려사항이 아니었어요. 저는 무조건 수익률만 고려했어요. 앞서 제가 수차례 강조한 무대출 수익률이요. 수익률만 기준에 맞으면 대출 금리가 조금 올라도 큰 무리는 없어요(물론 IMF 외환위기 때처럼 많이 오르면 안 되고요). 저는 다음의 조건만 맞으면 대출 금리와 무관하게 투자를 결정했어요.

1. 무대출 수익률이 높아야 한다.
2. 관리비가 저렴해야 한다.
3. 자기자본비율은 최소 50%를 유지한다.

이 세 가지 조건에 부합한다면 대출 금리가 높다 한들 사는 게 맞는 것 같아요. 역으로 생각하면 대출 금리가 높아지니 급매물이 나올 수도 있어요. 대출이 무리하게 많이 들어간 물건, 대출 금리가 무서워서 던지는 물건 등이 있을 수 있어요. 잘 보고 있다가 조건이 좋은 급매를 잡으시면 됩니다. 누군가에게는 올라가는 대출 금리가 공포겠지만, 누군가에게는 새로운 기회가 될 수도 있습니다.

월 500 임대료 받는 엄마의 상가 투자 시크릿

📍 금리 인상기, 기회로 삼아야

2021년 상반기까지만 해도 저금리와 풍부한 유동성으로 인해 3~4%대의 수익률 낮은 상가도 매수하시는 분이 많았어요. 하지만 최근에는 언제 그랬냐는 듯이 상황이 반전되었지요. 여전히 관련 커뮤니티에서는 '아니다. 금리가 올라도 그래도 좋은 물건은 아직 안 나온다. 진짜 부자들은 자신의 물건을 안 내놓는다.'라고 말해요. 하지만 우리는 '진짜 부자'의 물건을 넘보는 게(?) 아니잖아요? 일단 금리가 올라가면 좋은 급매물이 나오기 마련입니다.

제 기준으로 좋은 급매물이란 공실이 잘 안 나고, 수익률이 좋고(6% 이상), 저렴한(매매가 3억 원 미만) 구분상가를 말해요. 금리가 오를 때는 다른 건 몰라도 수익률만은 반드시 6% 이상으로 기준을 잡아야 해요. 저는 1년 넘게 지켜봤던 지역의 매물도 수익률이 5%여서 포기한 적이 있어요. 만일 2019~2021년 상반기였다면 그냥 샀을지도 몰라요. 하지만 금리가 가파르게 오르면서 상황이 바뀌었고 저는 하나도 급할 게 없었어요. 그 매물 아니어도 앞으로 더 많은 매물이 나올 테니까요. 매도자는 그때 제가 안 산다고 하니 매매가를 올렸지만 아직까지 물건은 나가지 않은 상태고요.

상가 카페에서도 대출 만기가 다가와서 연장하는데 금리가 올라서 다들 놀랐다는 글이 연일 올라와요. 저도 올해 만기되는 건이 있어서 연장해야 하는데 얼마나 오를지 궁금하네요. 다행히(?) 2019년에 매수한 상가는 대출 금리가 3.66%로 높은 편이어서 그리 충격이 클 것 같지는 않아요.

대출 금리가 무섭다고 상가 투자를 포기해서는 안 됩니다. 가파른 인플레이션 때문에 현금화도 답은 아니고요. 전 지금이야말로 상가를 매수하기 좋은 타이밍인 것 같아요. 매도자의 급한 사정에 따라 협상도 가능하고, 상대적으로 여유롭게 좋은 조건의 상가를 살 수 있는 시기라고 생각해요. 한 가지 조심해야 할 부분은 과도한 대출은 지양해야 한다는 점입니다. 매매가의 50% 정도만 대출을 받으면 부채 관리가 힘들지 않아요. 금리 인상 시기에 대출이 너무 많으면 공실 시 고통이 커질 수 있어요.

금리가 더 오르면 수익률 6%도 충분하지 않을 수 있어요. 수익률 7%로 가야 할 수도 있고요. '에이, 말도 안 된다.'라고 생각하지 마시고 그런 물건을 찾기 위해 노력해보세요. 수익률이 낮으면 매매가를 더 낮춰달라고 과감히 질러보세요. 지금은 매수를 서두르지 마시고 계속 관망하시다가 좋은 조건에 나온 매물을 최대한 더 깎아서 사야 할 때입니다.

앞으로 분명 한동안은 금리 인상 기조가 이어질 예정이에요. 2022년 1월 14일 한국은행은 기준금리를 연 1%에서 1.25%로 0.25%p 인상했어요. 이는 지난해 8월과 11월에 이은 추가 인상으로, 어느새 기준금리가 코로나19 확산 이전 수준으로 되돌아간 것

월 500 임대료 받는 엄마의 상가 투자 시크릿

한미 기준금리 추이

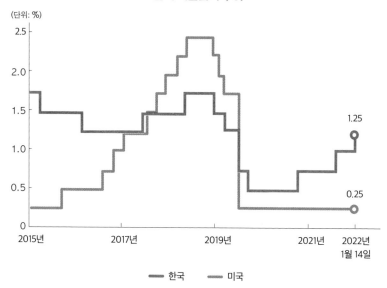

(단위: %)

자료: 미국연방준비제도, 한국은행

입니다. 문제는 여전히 한국은행이 기준금리 인상에 대해 '완화적'이라고 표현하며 추가 인상 가능성을 내비쳤다는 것이에요. 이주열 한국은행 총재는 "기준금리가 한 차례 더 올라 1.5% 수준이 되어도 긴축으로 볼 수는 없다."라고 말했어요. 즉 최소 한 번 이상의 추가 인상을 예고한 셈입니다. 지금과 같은 금리 인상기에는 상가를 매도하기에는 최악이고, 매수하기에는 최적의 상황이에요. 현금을 잘 갖고 계시다가 좋은 매물을 집으시길 바랍니다.

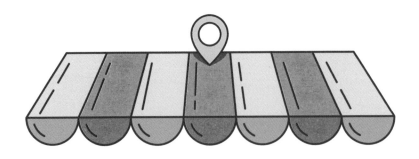

제1종근린생활시설 vs. 제2종근린생활시설

얼마 전에 계약 만기 한 달여를 남기고 임차인이 나가신다고 해서 급히 인근 공인중개사무소에 임대차를 내놓았어요. 다행히 금방 공인중개사무소에서 연락이 왔어요. 그런데 새로운 임차인이 하시고자 하는 사업이 반려동물 수제간식을 만드는 업종이라고 해요. 반려동물을 안 키워서 '엥? 강아지 수제간식을 만드는 사업이라고?' 하고 고개를 갸웃했네요.

인근에 피해를 줄지 몰라 식당은 피하고 싶었는데, 식당하고는 뭔가 다르지만 어쨌든 간식을 만든다고 하니 음식 냄새가 날 것 같아서 걱정되더라고요. 그래서 고민하다가 받지 않기로 했어요. 나중에 자세히 알아보니 반려동물 수제간식 가게에 대해 의견이 분분하더라고요. 누구는 예쁜 베이커리 같다고 하고, 누구는 실제로 음식 냄새가 난다고 해요. 어쨌든 불안하기도 하고 잘 모르는 업종이라서 받지 않기로 했어요.

강아지 간식을 만드는 업종은 제조업이라고 해요. 정확한 용도는 제2종근린생활시설인데, 제가 내놓은 상가는 제1종근린생활시설이라 만일 임대차를 받으면 구청에 가서 용도를 변경해야 했어요. 저는 임대차 여부를 떠나서 시설군의 종류에 대해 다시 한번 알아보기로 했어요. 이런 경우가 또 있을 수 있으니까요.

📍 반드시 확인해야 하는 건축물의 용도

일단 기억하기 쉽게 제1종근린생활시설은 우리가 생활하면서 필요한 것들 위주의 평범한 상가이고, 제2종근린생활시설은 있으면 좋고 없어도 그만인 업종이라고 이해하시면 됩니다. 그리고 제1종근린생활시설이지만 바닥면적의 합계가 일정 규모보다 크면 제2종근린생활시설로 분류됩니다. 입종별로 바닥면적의 합계에 대한 규정이 다르기 때문입니다.

제1종근린생활시설

1. 식품, 잡화, 의류, 완구, 서적, 건축자재, 의약품, 의료기기 등
   일용품을 판매하는 소매점(바닥면적 합계가 1천m² 미만인 것)

2. 휴게음식점이나 제과점으로 음료, 차, 음식, 빵, 떡, 과자 등을
   조리하거나 제조해 판매하는 시설(바닥면적의 합계가 300m²
   미만인 것, 300m² 이상은 제2종근린생활시설)

3. 이용원, 미용원, 목욕장 및 세탁소 등의 위생시설

4. 의원, 치과의원, 한의원 등 병의원시설

5. 탁구장, 체육도장(바닥면적 합계가 500m² 미만인 것)

6. 금융업소, 사무소, 공인중개사무소(바닥면적 합계가 30m² 미만
   인 것, 30m² 이상은 제2종근린생활시설)

제2종근린생활시설

1. 극장, 영화관, 비디오물 감상실 등의 공연장(바닥면적 합계가
   500m² 미만인 것)

2. 교회, 성당, 사찰, 기도원, 수녀원(바닥면적 합계가 500m² 미만
   인 것)

3. 자동차 영업소(바닥면적 합계가 1천m² 미만인 것)

4. 일반 음식점

5. 사진관, 동물병원, 동물 미용실, 독서실, 기원, 안마시술소, 노
   래연습장(바닥면적 관계없음)

월 500 임대료 받는 엄마의 상가 투자 시크릿

6. 청소년게임제공업소, 복합유통게임제공업소, 인터넷컴퓨터 게임시설제공업소(바닥면적 합계가 500m² 미만인 것)

7. 학원(자동차학원·무도학원 및 정보통신기술을 활용해 원격으로 교습하는 것 제외), 교습소(자동차교습·무도교습 및 정보통신기술을 활용해 원격으로 교습하는 것 제외), 직업훈련소(운전·정비 관련 직업훈련소 제외)

8. 테니스장, 체력단련장, 에어로빅장, 볼링장, 당구장, 실내낚시터, 골프연습장, 헬스클럽, 다중 생활시설, 제조업, 수리점(바닥면적 합계가 500m² 미만인 것)

이보다 종류가 더 많지만 우리가 흔히 보는 업종만 나열해봤어요. 상가 용도 변경에 관해서는 해당 구청 민원과에 전화해서 물어보니 건축과로 연결해주더라고요. 담당 부서와 통화해보니 제 상가가 희한하게도 제1종근린생활시설은 맞는데 원래는 병원 자리였다고 해요. 담당자 말로는 제1종근린생활시설에서 제2종근린생활시설의 업종을 임차할 때는 건축물대장 변경이 필수가 아니래요. 임차인이 해당 상가에 업종을 등록하면 허가만 받고 진행해도 되는 업종이 있고, 임대인이 건축물대장의 용도를 변경한 후 임대차를 진행할 수 있는 업종이 따로 있다고 해요. 용도를 변경해야 하는 특수 업종이 무엇이냐고 물으니 제 물건처럼 의원으로 등록되어 있는 경우에는 특별히 용도 변경을 해야 한다고 하네요.

이렇게 새로운 업종의 임차인이 들어오면 해당 구청 건축과에 문의해 정확한 정보를 파악하는 것이 좋습니다. 이 부분은 공인중개사가 챙겨주기는 하는데 직접 구청에 전화하는 것이 가장 정확해요.

월 500 임대료 받는 엄마의 상가 투자 시크릿

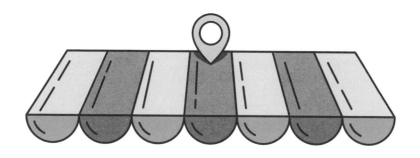

묵시적 갱신은 NO!
꼭 연장계약서 작성하세요

2020년에 있었던 일이에요. 제가 가진 상가 중 한 곳의 임차인이 2020년 11월에 문자로 임대료 인하를 요청했어요. 요즘 좀 힘든데 가능하겠냐고 묻더라고요. 코로나19 시기이기도 하고 임대료도 항상 정해진 입금일보다 1~5일 정도 먼저 보내주셨던 분이라 그해 12월, 그다음 해 1~2월까지 3개월 동안 인하를 해드리겠다고 했어요. 힘든 시기이니 많이는 아니지만 어려움을 같이 분담하는 게 맞다고 생각했어요.

그렇게 2020년을 보내고 보니 이분의 계약 만기일이 2021년 3월이더라고요. 만기도 얼마 안 남았고 귀찮기도 해서 묵시적 갱신으로 갈까 하다가 혹시나 해서 계약 연장에 대해 물었어요. 답변이 없어요. 느낌이 이상해서 그다음 날 전화를 했어요. 전화는 받지 않으시고 나중에 문자가 왔어요. 요즘 임신을 준비 중이어서 일을 하기 힘들다고 하시네요. 권리금은 받아야 하니 일단 계약은 연장하고 중간에 새로운 임차인을 본인이 직접 구해서 나가고 싶다고 하셨어요. 순간 뒤통수를 맞은 기분이었어요. 임대료 인하를 요구할 때는 전혀 내비치지 않았던 내용이에요. 괜히 사정을 봐줬구나 싶었어요.

추측하건대 이분은 아마 묵시적 갱신을 바라셨을 것입니다. 그러면 권리금을 받을 새 임차인만 구하면 그냥 나가면 되니까요. 그렇게 되면 새로운 임차인에 대한 부동산 중개수수료도 임대인이 내야 해요. 묵시적 갱신 시에는 나가기 3개월 전에만 통보하면 자유롭게 나갈 수 있어요. 임대인은 따로 그럴 권리 없이 1년간 임대차 계약만 연장해주는 거고요.

📍 연장계약서가 필요한 이유

당장 3월이 계약 만기인데 제가 1월에 연장 여부를 물었으니 권리금을 받을 수 있는 새로운 임차인을 구하려면 이분도 약간의 시간이 필요해요. 연장계약을 진행하지 않으면 제가 불리한 상황이고요. 그렇게 일단 연장계약서를 작성했고, 새로운 임차인이 오면 임대료를 올리겠다고 했어요. 1층이었고 인근에 공실이 없었거든요. 결국 그분은 6월쯤 새로운 임차인을 구해서 권리금을 받고 나가시게 됩니다. 결과적으로 임대료를 올렸으니 윈윈이었지만 배신감이 들어서 기분이 좀 별로였어요.

사실 이런 일에 배신감을 느낄 필요는 없어요. 그분은 그냥 원칙대로 일을 진행한 것뿐이니까요. 그러나 사람 일인지라 기분이 상하는 건 어쩔 수 없었어요. 계약 만기를 앞두고 임대료 인하를 요청한 후 바로 나가겠다고 하시다니. 좋은 분이었지만 역시 비즈니스는 비즈니스이고, 사적 감정은 배제해야 한다는 걸 다시 한번 느낀 사건이었어요. 연장계약서를 작성했기에 부동산 중개수수료는 그분이 내셨고요.

마지막에는 원래 계약 기간보다 3일을 더 일하고 나가셨어요. 공인중개사는 그만큼 일수를 계산해서 임대료를 받아야 한다고 하더라고요(참고로 새로 들어온 임차인은 인테리어 정비 문제로 1주일 정도 렌트프리를 해주기로 했어요). 본인이 중개수수료도 다 내는데 너무하다고 했다네요. 저는 3일치 임대료로 에너지를 쏟고 싶지 않아서 그냥 안 받겠다고 했어요

무슨 일이 생길지 모르니 귀찮다 생각하지 마시고 꼭 임대차 기간 종료 전에 연장계약서를 작성하기 바랍니다. 저는 놓치고 있

다가 딱 1개월을 남기고 연장계약서를 작성할 수 있었네요. 계속 영업을 하든, 나가든 묵시적 갱신은 임차인에게 유리한 법적 장치입니다. 묵시적 갱신을 하더라도 나가겠다고 통보만 하면 3개월 뒤에 나갈 수 있으니까요. 연장계약서는 임대인을 보호하는 장치라고 생각하시면 이해가 쉽습니다.

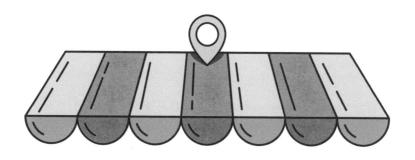

중과세율이 적용되는
특수상가

이번에 매수하려다 하지 못한 상가가 있어요. 노래방 상가였는데요. '노래방? 코로나19 시기에 지금도 영업이 잘되나?' 하는 생각이 드실 것입니다. 요즘 노래방 자체가 사양사업이어서 임대료가 연체없이 제날짜에 들어오는지는 저도 의문이었어요. 매도인은 이런저런 이유로 20년 동안 가지고 있던 상가를 내놓았고, 코로나19로 임대료를 40만 원이나 깎아주고 있었어요. 저도 처음에는 층도 지하이고 업종도 안 좋아시 따로 관심을 두지 않았어요. 그럼에도 제가이 상가를 매수하려고 했던 이유가 있어요.

저는 노래방을 하고 있는 임차인만 나가면 그 자리가 정말 좋은 자리라고 생각했어요. 지금 영업 중인 임차인은 이 자리에서만 10년 넘게 영업했던 이전 임차인에게 최근에 권리금을 주고 들어왔다고 해요. 권리금을 줬으니 새 임차인이 쉽게 나갈 리 있겠어요? 결국 포기하는 수밖에 없었어요.

당시에는 생각을 하지 못했는데 지나고 보니 '노래방이 혹시 유흥업종은 아닌가?' 하는 생각이 들었어요. 건축물대장에는 '노래연습장'으로 용도가 기재되어 있었는데요. 자세히 알아보니 노래방은 유흥업종이 아니더라고요. 상가는 업종과 종류에 따라 적용되는 세금이 달라서 잘 알아보셔야 해요. 특히 사치성으로 분류되는 업종은 중과세가 적용되기 때문에 꼭 사전에 확인해야 합니다.

⦿ 대표적인 중과세 업종

도박장, 미용실(두발과 안면 관련 미용시설 외에 욕실 등을 부설한 장소. 그 설비를 이용하기 위해 소정의 요금을 지급하도록 시설된 곳), 유흥주점(손님이 춤을 출 수 있도록 객석과 구분된 무도장을 설치한 곳. 바닥면적 100㎡ 이하는 제외), 단란주점(바닥면적 150㎡ 이상) 등이 중과세 적용 대상이에요. 바닥면적 등 세세한 조건은 일단 제쳐두고 대충 이런 업종은 취득세, 보유세가 중과된다는 정도만 기억해두면 좋을 듯해요.

유흥상가는 건축물대장에 '위락시설'로 기재되어 있어요. 그냥 '위락시설=유흥상가'라고 대충 기억하시면 편해요. 일반 상가는 취득세가 4.6%지만 유흥업종은 13.4%로 3배에 달해요. 재산세도 일반 상가는 건물분은 0.25%, 토지분은 0.2~0.45%인데 유흥업종은 건물분과 토지분 모두 4%로 약 16배에 달해요. 그래서 유흥업종 상가가 내 상가에 입점하면 재산세 등이 증액되기에 그 부분을 임차인에게 전가시키는 특약을 작성하기도 해요.

일반 상가 취득 후 5년 이내 위락시설로 변경하면 소급 적용되어서 취득세가 중과됩니다. 5년 이후라면 따로 중과되지 않고요. 그래서 일반 상가 매수 후 5년간 위락시설 임차인을 받는 건 주의해야 해요. 이 부분을 몰라서 문제가 발생하는 경우가 많더라고요. 실례로 경매에서 유흥업종이 임차해 있는 상가를 저렴하게 낙찰받았다가 취득세가 일반 상가의 3배 이상이라는 말에 낙찰을 포기하는 경우도 종종 있어요.

너무 복잡하게 느껴지시나요? 상가는 알아야 할 것이 많아서 어렵게 느껴지지만 그냥 그때그때 하나씩 챙기면 됩니다. 너무 한 번에 다 알고 투자하려고 하면 할 수가 없어요. 앞으로 어떤 임차인이 들어올지 모르니 지금은 일단 위락시설은 중과세 업종이라는 부분만 기억하고 계시기 바랍니다.

참고로 위락시설은 상업지에서만 장사할 수 있고 구청에 따로 허가도 받아야 해요. 그래서 임차인들끼리 권리금을 주고받으며 알아서 임대차를 넘긴다는 장점도 있어요. 허가받은 자리니까 공실이 잘 안 생겨요. 저는 상가투자가 위험한 게 아니라 모르는 투자가 위험한 거라고 생각해요. 이렇게 하나씩 배워두면 손해 볼 일이 없으니 너무 걱정하지 마세요.

월 500 임대료 받는 엄마의 상가 투자 시크릿

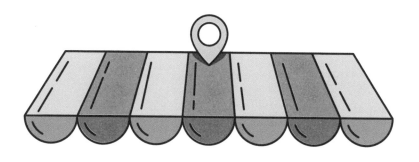

임차인은 친구가 아닌
사업 파트너

이 책을 보시는 분 중에 자영업을 하시는 경우도 있을 텐데요. 조금 조심스러운 이야기를 꺼낼게요. 분명히 짚고 넘어가야 하는 부분 이라는 생각이 들어서요. 상가를 운영하다 보면 임차인과 종종 연락할 일이 생겨요. 대부분은 임대료 연체 문제 때문이고, 이 밖에는 누수나 고장 관련 일 등이에요. 이 중 제일 껄끄러운 연락은 아무래도 임대료 연체 부분이에요. 최근에는 코로나19로 임대료 감액 여부를 타진하느라 임차인도, 임대인도 서로 예민해진 상황이있어요. 나라에서 소위 '착한 임대인 운동'을 홍보해서 코로나19와 무관하게 대출 이자와 세금은 납부해야 하는 임대인의 입장을 난처하게 했지요. 이 문제는 사회적 거리두기 규제로 손님을 제대로 못 받고 있는 임차인의 입장도 이해가 되고, 대출 이자와 세금을 모두 감당해야 하는 임대인의 입장도 이해가 됩니다.

📍 적정한 거리 유지가 중요한 이유

각설하고 임차인과 임대인, 임대인과 임차인의 관계는 어느 정도 거리가 적당하다고 생각하시나요? 가까운 게 좋을까요, 거리가 좀 있는 게 좋을까요? 정답은 없지만 제 경험을 말씀드릴게요.

1. 임차인 A

A는 임대차 계약 후 일체의 연락이 없습니다. 제날짜에 임대료가 꼬박꼬박 들어옵니다. 어느 날 연락이 옵니다. 문이 갑자기 고장이라고 해요. 거리가 멀어서 공인중개사무소를 통해 업자를 불러 수리합니다. 수리비는 임대인인 제가 송금하고요.

2. 임차인 B

B는 연락이 간간히 옵니다. 임대료 연체, 분할 납부에 관한 연락입니다. 그래도 미리 연락주시니 감사합니다.

3. 임차인 C

C는 연락이 잘 없습니다. 임대료도 제날짜에 안 들어옵니다. 연락도 잘 안 받습니다. 며칠 뒤에 말없이 임대료를 보내거나 알아서 나눠서 보냅니다. 이런 행동을 반복합니다.

4. 임차인 D

D는 자주 전화를 합니다. 관리인이 관리를 안 해준다, 지하에 누수가 생겼는데 내 가게 탓이 아닌데 내 가게 탓이라고 한다, 관리인에게 관리비를 보내고 싶지 않다는 등의 이야기를 합니다. 관리인도 저에게 전화해서 임차인과 말이 안 통한다고 합니다. 3개월째 관리비를 안 내고 있으니 단수, 단전을 진행하겠다고 합니다. 전화로 어르고 달래서 잘 해결합니다. 문제가 생기는 날에는 양측과 전화하느라 아무 일도 하지 못합니다. D는 때로는 친구처럼 저에게 전화를 해서 식사를 대접하고 싶다고 합니다. 식구들과 오라고 합니다. 관리실과 껄끄러운데 제가 그 식당에 가고 싶을까요? 정중히 사양합니다.

자, 제 기준으로 어느 임차인이 가장 나을까요? 짐작하셨겠지만 임차인 A입니다. 그다음은 임차인 B고요. 임차인 C, D는 똑같이 골치가 아픕니다. 제가 경험해보니 임대인과 임차인의 관계는 사장님과 직원의 관계처럼 어느 정도 먼 게 서로에게 좋은 것 같아요.

계약 후 서로 연락할 일이 없는 게 피차 편해요.

가끔 임차인의 매출을 올려준다고 임대인이 지인을 불러 방문하는 경우도 있는데, 임차인은 생각만큼 고마워하지 않아요. 차라리 임대료를 감액해주거나 지원해주는 걸 더 좋아합니다. 입장 바꿔 생각해도 그렇지 않을까 싶어요. 친구처럼 서로의 사적인 부분까지 알 필요는 없을 것 같아요. 가끔은 가깝게 지내고 싶은 너무 좋은 임차인도 있으세요. 그럴 때는 마음이 좀 흔들리지만 좋은 관계를 유지하기 위해서라도 저는 거리를 두려고 노력합니다.

감이 오셨나요? 임차인의 목적은 목 좋은 곳에 자리를 잡아서 사업을 번창시키는 것입니다. 임대인의 목적은 그런 임차인을 만나서 임대수입을 얻는 것이고요. 각자의 목적을 잊지 말고 서로 어느 정도 긴장감을 유지하며 '파트너'의 관계를 지속하는 게 중요한 것 같아요.

상가를 매수할 때는
수다쟁이가 되세요

저는 상가를 매도할 때는 말을 아끼는 편이지만 매수할 때는 수다쟁이가 되곤 합니다(아파트 매수 시에는 그럴 필요 없고요). 상가를 매수할 때는 물건에 대해 최대한 많은 정보를 얻어야 해요. 하지만 보통 매도인은 쉽게 입을 열지 않습니다. 물건을 거래해야 수익이 생기는 공인중개사도 매도인과 한편인지 말을 아끼는 것 같고요. 그럴 때 저는 약간 주책을 부려요. 공인중개사무소에 가서도 "에휴, 퇴사 후 전 재산인데 사도 될지 모르겠어요 애들도 어리고 앞으로 돈도 많이 필요할 텐데. 배우자가 혼자 벌어야 해서 한 푼이라도 보탬이 되려고 사는 건데 걱정이네요." 이렇게 하나마나한 푸념을 해요. 그러면 공인중개사도 마음을 열고 제게 이런저런 이야기를 해주더라고요.

공인중개사의 반응은 다양해요. 관계를 잘 쌓으면 여기 코로나19로 이 가격에 파는 거다, 손해 볼 일 절대 없다, 공실 나면 내가 반드시 맞춰주겠다 등 다양한 이야기를 해주세요. 공인중개사야 사실 팔고 나면 끝이지만 이렇게라도 말을 해주면 약간은 책임감을 나눠 갖는 느낌이 들어서 든든해요. 나중에 부탁할 일이 생기면 부탁하기도 쉽고요. 상가는 매수 후에도 수리나 임대차 등 일이 많아서 공인중개사와 관계를 잘 맺으면 편하더라고요.

♀ 어떤 식으로
수다를 떨까?

예를 들어 매매가가 비싸면 저는 "사장님, 매도인에게 조금만 깎아달라고 해주세요. 누가 부르는 대로 다 주고 사요. 100만 원이라도 좀 깎아주세요."라고 부탁합니다. 공인중개사는 매도인이 절대 해줄 사람이 아니라며 차라리 자기 복비를 깎아주겠다고 하네요.

또 임차인이 자주 바뀌는 물건은 "여기 장사가 안 되나 봐요. 임차인이 매번 바뀌네요. 어휴, 걱정이에요." 하고 또 쓸데없는 말을

월 500 임대료 받는 엄마의 상가 투자 시크릿

해요. 누가 봐도 주책이지요. 그러면 공인중개사는 "난 그 자리가 너무 탐나요. 거기 부동산이 하나도 없잖아요. 내가 딱 거기에 부동산 하나 내고 싶어요." 하고 말해요. 그 말을 듣고 저는 어느 정도 힌트를 얻고요.

또 "사장님, 여기서 장사했던 임차인 중에 어떤 업종이 제일 장사가 잘되었어요?" 하고 물으니 몰랐던 정보를 알려주세요. "여긴 계속 식당이었어요. 한 번도 바뀐 적이 없어요. 임차인만 바뀌었고요. 한 5년 운영했었나? 이전에 했던 짬뽕집이 제일 잘되었어요."

매도인과도 마찬가지입니다. 계약일에 만나는 매도인은 보통 도도해요. 마스크까지 쓰고 있으니 표정을 더 알 수가 없어요. 저는 또 매도인 앞에서 수다스러운 척 연기를 해요. 성격에 따라 굉장히 민망할 수도 있지만 한두 푼 오가는 일도 아닌데 그냥 눈 꾹 감고 해보세요. "새로 온 임차인은 장사가 잘되시나요? 어휴, 정말 잘되어야 하는데." 하고 제가 푸념을 하면 처음에는 약간 귀찮다는 듯이 무뚝뚝하게 "잘된대요."라고 말해요.

매도인이 직접 장사를 하다가 접고 나가는 경우에는 이렇게 물어요. "사장님은 프랜차이즈 식당을 차리셨다가 코로나19로 2년도 안 되어서 나가시는 건데 괜찮으세요? 당연히 권리금은 받으셨지요?" 이렇게 권리금 있는 자리인지 궁금해서 호들갑스럽게 물어요. "시설 권리금을 조금 받았어요."라고 답하면 다행이다 싶어요. 권리금을 준 임차인은 장사가 잘 안 풀려도 권리금을 받을 때까지 버티거든요.

　이런저런 수다를 떨다가 중요한 정보를 얻게 되기도 해요. "사장님, 옆에 있는 상가는 임대료를 얼마나 받는대요?" 하고 공인중개사에게 묻자 또 순순히 알려줘요. 다행이에요. 제 상가보다 임대료가 높아요. 다음 임차인 임대료는 저도 그 정도 받아야겠다고 다짐해요. 임차인의 사업이 번창해서 5%라도 인상할 수 있으면 참 좋겠어요. 이렇게 제가 수다를 떨면 말 없던 매도인도 술술 입을 열어요. 그러면 생각보다 많은 정보를 얻을 수 있어요. 어차피 잔금 도장을 찍으면 다시 볼 일이 없어요. 그때가 상가와 그 주변 정보를 쥐어짜낼 수 있는 마지막 기회이니 잘 활용하시기 바랍니다.

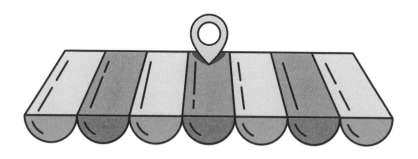

수익률을 간단하게
계산하는 방법

상가를 살 때 제일 먼저 따져야 할 부분은 바로 수익률입니다. 이건 몇 번을 강조해도 지나치지 않아요. 수익률이 좋으면 시세차익은 시간이 지나면 덤으로 따라옵니다. 그런데 말이 쉽지 '그래서 임대료 100만 원을 받으려면 얼마짜리 상가를 사야 하는 거야?' 하는 생각이 드실지 몰라요. 저도 처음에는 그랬으니까요. 수익률 계산을 특히 어려워하시는 경우가 많아서 몇 가지 편한 예를 만들어봤어요. 도표를 참고해서 수익률을 계산하시면 이해기 편하실 거예요 (지역과 상권의 특수성과 여러 변수를 배제한 자료입니다).

수익률 및 추정 매매가 샘플 (단위: 만 원)

보증금/ 임대료	수익률 6% 가정 시 매매가	수익률 5.5% 가정 시 매매가	수익률 5% 가정 시 매매가	수익률 4.5% 가정 시 매매가	수익률 4% 가정 시 매매가	수익률 3.5% 가정 시 매매가	수익률 3% 가정 시 매매가
1,000/60	13,000	14,091	15,400	17,000	19,000	21,571	25,000
1,000/70	15,000	16,273	17,800	19,667	22,000	25,000	29,000
1,000/80	17,000	18,455	20,200	22,333	25,000	28,429	33,000
1,000/90	19,000	20,636	22,600	25,000	28,000	31,857	37,000
1,200/100	21,200	23,018	25,200	27,867	31,200	35,486	41,200
1,500/110	23,500	25,500	27,900	30,833	34,500	39,214	45,500
1,500/120	25,500	27,682	30,300	33,500	37,500	42,643	49,500
2,000/130	28,000	30,364	33,200	36,667	41,000	46,571	54,000
2,000/140	30,000	32,545	35,600	39,333	44,000	50,000	58,000
2,000/150	32,000	34,727	38,000	42,000	47,000	53,429	62,000
2,000/160	34,000	36,909	40,400	44,667	50,000	56,857	66,000
2,500/170	36,500	39,591	43,300	47,833	53,500	60,786	70,500
2,500/180	38,500	41,773	45,700	50,500	56,500	64,214	74,500
2,500/190	40,500	43,955	48,100	53,167	59,500	67,643	78,500
2,500/200	42,500	46,136	50,500	55,833	62,500	71,071	82,500
3,000/210	45,000	48,818	53,400	59,000	66,000	75,000	87,000
3,000/220	47,000	51,000	55,800	61,667	69,000	78,429	91,000
3,000/230	49,000	53,182	58,200	64,333	72,000	81,857	95,000
3,000/240	51,000	55,364	60,600	67,000	75,000	85,286	99,000
3,000/250	53,000	57,545	63,000	69,667	78,000	88,714	103,000

월 500 임대료 받는 엄마의 상가 투자 시크릿

3,500/260	55,500	60,227	65,900	72,833	81,500	92,643	107,500
3,500/270	57,500	62,409	68,300	75,500	84,500	96,071	111,500
3,500/280	59,500	64,591	70,700	78,167	87,500	99,500	115,500
3,500/290	61,500	66,773	73,100	80,833	90,500	102,929	119,500
4,000/300	64,000	69,455	76,000	84,000	94,000	106,857	124,000
4,000/310	66,000	71,636	78,400	86,667	97,000	110,286	128,000
4,000/320	68,000	73,818	80,800	89,333	100,000	113,714	132,000
4,000/330	70,000	76,000	83,200	92,000	103,000	117,143	136,000
5,000/340	72,500	78,682	86,100	95,167	106,500	121,071	140,500
5,000/350	75,000	81,364	89,000	98,333	110,000	125,000	145,000
5,000/360	77,000	83,545	91,400	101,000	113,000	128,429	149,000
5,000/370	79,000	85,727	93,800	103,667	116,000	131,857	153,000
5,000/380	81,000	87,909	96,200	106,333	119,000	135,286	157,000
5,000/390	83,000	90,091	98,600	109,000	122,000	138,714	161,000
5,000/400	85,000	92,273	101,000	111,667	125,000	142,143	165,000

무대출 수익률 기준이고, 보증금은 대략 임대료의 12개월치로 가정했어요. 상황에 따라 보증금을 더 받는 경우도 있고 덜 받는 경우도 있어요. 안전한 임대를 위해 보증금은 넉넉히 임대료의 15개월치 정도로 받아두면 좋아요. 보증금을 너무 많이 받아도 간주임대료(보증금에 의해 발생하는 수익을 임대료로 간주해 과세하는 금액)로 계산되니 좋지 않아요. 현장에서는 일반적으로 12개월치를 보증금

으로 받습니다.

　도표와 임대료가 같은데 보증금이 높다면 수익률이 올라가고, 낮다면 수익률이 내려가겠지요(보증금이 낮으면 내 자본이 그만큼 더 필요하니까요). 대충 한눈에 수익률을 파악해보시라고 만든 자료입니다. 상가 수익률을 구하는 공식은 많은데, 역으로 수익률을 바탕으로 매매가를 구하는 공식을 만들어봤어요. 먼저 앞서 소개한 상가 수익률 공식을 다시 한번 살펴볼게요.

　상가 수익률={(임대료×12)/(매매가-보증금)}×100%

　학교 수학시간에 배웠던 내용을 응용해야 해요. 수식을 좌변에서 우변으로, 우변에서 좌변으로 이동하면 매매가를 구하는 공식이 나옵니다.

　매매가=보증금+{(임대료×12×100%)/상가 수익률}

　계산이 복잡하게 느껴지시면 그냥 제가 계산해놓은 도표만 참고해도 좋습니다. 만약 월세로 200만 원을 받고 싶다면 수익률을 5%로 가정할 시 추정 매매가는 5억 500만 원입니다. 월세가 200만 원인데 수익률이 4%라면 추정 매매가는 6억 2,500만 원이고요. 물론 보증금을 임대료의 12개월치로 가정했기에 추정 매매가는 보증금의 규모에 따라 바뀔 수 있어요. 대략적인 금액의 규모만 참고하시면 됩니다.

◉ 월세 100만 원짜리
상가를 사려면?

실감이 좀 나시나요? 수익률 1%에 따라 수억 원이 왔다갔다해요. 도표로 보니 확 와 닿지요? 일단 월세를 100만 원이라도 받고 싶다면 수익률을 5%로 가정할 시 매매가 2억 5,200만 원이 필요합니다. 수익률을 4%로 가정하면 3억 1,200만 원이 필요하고요. 여기에 저는 취득세 등 부대비용을 넉넉하게 6%로 가정해서 계산해요. 부대비용은 거의 보증금으로 처리됩니다. 보증금보다 높으면 좀 더 보태면 되고요.

수익률 5%, 월세 100만 원짜리 상가를 사려면 대출과 부대비용을 포함해 얼마나 필요할까요? 자세히 알아볼게요. 참고로 제가 생각하는 이상적인 자기자본비율은 50%이므로 대출도 그렇게 계산했습니다.

추정 매매가(수익률 5% 가정): 2억 5,200만 원

대출금 50%: 1억 2,600만 원(대출금은 매매가가 아닌 상가 감정가

로 책정. 감정가는 보통 매매가의 70~90%)

　　부대비용 6%: 1,512만 원

　　보증금: 1,200만 원

　　도표를 보면 이 경우 보증금은 1,200만 원이네요. 앞서 말했듯 이 보증금은 좀 더 늘리거나 줄일 수 있습니다. 최대한 보수적으로 계산한 부대비용 6%는 취등록세(4.6%), 중개수수료(0.9%), 법무사 비, 화재보험료 등을 취합한 것입니다. 이 부대비용은 거의 보증금 으로 처리할 수 있어요. 여기서는 312만 원이 부족하네요. 최종적 으로 이 상가를 사기 위해 필요한 돈을 계산해볼까요?

　　2억 5,200만 원(매매가)-1억 2,600만 원(대출금)+312만 원(부대 비용 부족분)=1억 2,912만 원

　　수익률 5%, 임대료 100만 원을 받는 상가를 사기 위해서는 대 략 1억 3천만 원 정도가 필요하네요.

상가 투자에 도움이 되는 카페들

1. 아프니까 사장이다

'아프니까 사장이다'라는 카페가 있어요(전 처음에 '아프리카 사장이다'로 봤네요). 자영업을 하시는 사장님들이 업무상 필요한 정보를 나누는 카페예요. 임차인은 거의 필수처럼 가입하는 것 같고, 임대인은 분위기 파악을 위해 가입해서 조용히 활동하는 것 같아요. 글을 읽으면 임차인이면서 임대인이신 경우도 꽤 있더라고요. 어느 카페나 그렇지만 일하시다 힘든 부분이 있으면 털어놓기도 하고, 조언도 구하고, 위로도 받는 곳이에요.

간혹 진상손님에 대한 글을 읽으면 진짜 세상에 못된 사람이 많구나 싶어요. 이 카페에서 활동하면 요즘 자영업자가 얼마나 힘든지 느낄 수 있어요. 읽다가 눈물을 흘린 적도 있네요. 또 임차인 입장을 대변하는 경우가 많아서 무작정 임대인이 임대료를 내려줘야 한다는 성토성 글이 자주 올라와요. 착한 임대인 운동도 그렇고,

최근에 경기가 어려우니 날 선 글이 자주 보여요.

저는 이 카페를 통해 많을 것을 간접체험해요. 업종별로 게시판이 나뉘어져 있어서 해당 업종과 관련된 다양한 정보를 볼 수 있어요. 전 제 상가와 직접적인 관련이 있는 '음식·외식·배달' '미용·뷰티·네일' 게시판을 즐겨찾기 해뒀어요. 미용업이라고 하면 우리는 일반적으로 미용실을 떠올려요. 그런데 그거 아세요? 게시판을 보면 미용실뿐만 아니라 네일숍, 붙임머리숍, 눈썹반영구숍, 속눈썹숍 등 업종이 세부적으로 다양해요. 상가 매수하기 전에 둘러보시면 도움이 많이 될 거예요.

저는 특히 '점포매도' 게시판을 잘 들어가요. 모든 글을 보진 않고 제가 관심 있는 지역을 검색해서 봐요. 만약 역삼동이라면 '역삼동'을 검색해서 해당 지역의 글을 읽어요. 여기서 '점포매도'란 진짜 물건을 매매한다는 게 아니라 임대차 권리를 매도한다는 뜻이에요. 즉 계약 기간은 남았지만 나는 나갈 테니 남은 기간 동안 이곳에서 사업할 수 있는 권리를 팔겠다는 말이에요. 권리금이 있는 것도 있고, 코로나19로 많이 힘든 경우에는 권리금 없이 넘기기도 해요. 저는 관심 지역에 이러한 점포매도 물건이 많이 나오나, 적게 나오나 자주 확인해요. 많이 나오면 장사가 잘 안 되는 것이고, 적게 나오면 그럭저럭 버틸 만하다는 뜻이에요. 다행히 제 관심 지역은 점포매도 물건이 많이 나오지 않았네요. 여기서 우리 동네 상가를 발견하면 반갑기도 하고, 여기가 이 정도 월세를 받는구나 싶기도 해요.

월 500 임대료 받는 엄마의 상가 투자 시크릿

2. 살모사의 커피하우스

저는 상가를 공부하기 위해 관련 책을 읽고, 그다음에 네이버 카페를 찾았어요. 그런데 의외로 상가 관련 카페가 많지 않아요. 그중 '살모사의 커피하우스'는 양질의 정보가 많이 올라오는 굉장히 유용한 곳이에요. 이름은 무슨 소설책 제목 같아요. 카페 관리자가 관리를 엄청 잘하셔서 카페에 단 하나의 광고글도 용납되지 않아요. 실제로 들어가 보면 깨끗해요. 본인이 필요해서 문의하는 글을 올렸다가 함부로 삭제하면 강퇴 당할 수도 있어요. 가입 후 일정 기간이나 요건을 충족해야 글을 남길 수 있고요. 관리가 엄청 잘된 곳이어서 믿고 활동하기 좋은 카페입니다.

이곳에서 저는 상가 투자에 관해 하수 중의 하수더라고요. 카페에 가보면 고수와 부자가 엄청 많아요. 조언도 많이 받을 수 있는데 전적으로 의존할 필요는 없어요. 참고는 하되 결정은 본인이 하는 게 맞아요. 상가 관련 세금, 입지, 상권 등 이것저것 정보도 많고 물어보면 친절히 답을 해주는 곳이에요.

"계단을 밟아야
계단 위에 올라설 수 있다."

_터키 속담

6장

상권분석
들여다보기

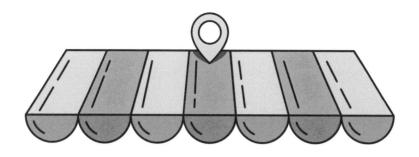

집 앞 정육점으로 보는
상권 이야기

상가 투자를 시작한 이후에는 작은 가게 하나 허투루 보지 않게 되었어요. 지나가다 상가가 보이면 장사가 잘되든, 안 되든 잠시 발길을 멈추고 관찰하곤 해요. 자리가 아무리 좋아도 얼마 못 버티고 나가는 가게도 보이고, 사양산업인데도 같은 자리에서 10년 이상 장사를 하는 가게도 보여요. 제가 사는 지역은 주변에 4천 세대 이상의 아파트 단지가 있고, 대규모 주택가를 낀 최상의 근린상권이에요. 당연히 1층 상가의 임대료도 비싸고, 최근 10년간 망해서 나간 곳은 있어도 공실은 본 적이 없어요.

최근에 목 좋은 1층 상가에 새롭게 미용실이 들어왔어요. 워낙 비싼 자리여서 1층에는 미용실이 잘 안 들어오는데 무슨 일인가 싶어서 가봤어요. 아뿔싸, 사장님은 남자분이셨고 머리를 전혀 못 만지는 분이시더라고요. 젊은 여성 직원 두 분이 머리를 하고 계셨어요. 미용실은 단골장사라서 사은품보다 더 중요한 게 디자이너의 실력이잖아요? 그런데 처음 간 제 머리를 망치고 말았어요. 당연히 두 번 다시 안 가게 되었고, 지나다니면서 보니까 역시 손님이 없더라고요. 사장님만 초조하게 밖을 보시고 직원 둘은 여유롭게 앉아서 핸드폰만 봐요. 결국 6개월도 안 되어서 폐업하고 말았어요.

그런데 곧 그 자리에 짬뽕집을 연다는 플랜카드가 붙어요. 나중에 보니 미용실을 차렸던 사장님이 인테리어를 다시 하고 짬뽕 프랜차이즈 가게를 준비하고 계시더라고요. 여러모로 대단하세요. 역시 사장님은 요리를 안 하시고 카운터만 지키고 계세요. 다행히 프랜차이즈라서 맛은 있더라고요. 1년 넘게 운영하시는 걸 보면 이제는 자리를 잡으신 것 같아요.

📍 상권분석이 중요한 이유

동네에 유일한 정육점이 하나 있었어요. 아파트와 주택가 사이에 있는 코너 쪽 자리에 작게 자리 잡았어요. 정육점이 하나라서 저도 아이 이유식을 만들 때부터 선택의 여지없이 이용하던 곳이에요. 오전 8시 30분부터 부지런히 문을 열고 장사를 하세요. 오전에도 찾아오는 주부 손님이 많았거든요. 누가 봐도 장사가 잘되었고, 배후세대가 풍부한 이 동네에 왜 정육점이 하나일까 의아할 정도였어요.

이렇게 동네 유일 정육점의 독점 장사가 몇 년간 지속되었어요. 그러다가 지근거리에 아울렛이 들어와요. 특히 식품관이 인기가 많아서 인근 대형마트를 이용하던 고객들도 이리로 많이 유입되었어요. 식품관은 처음부터 파격 할인행사를 했는데, 그중에 한 품목이 정육이었어요. 싸고 맛있고 신선했어요. 행사기간 동안 주민들이 고기를 몇 팩씩 담아 갔어요(저희 가족도 많이 샀네요). 주민들과 만나면 최근에 고기를 정말 질리도록 먹는다는 이야기를 나눌 정도였어요.

강력한 경쟁자가 생기자 동네 유일의 정육점은 진짜 안쓰러울 정도로 손님이 뚝 끊겼어요. 그 정육점과 아울렛 간의 거리가 지척이었거든요. 저조차도 아울렛이 생긴 뒤로는 동네 정육점을 한 번도 간 적이 없어요. 가격 차이가 많이 나고, 고기 종류도 식품관이 더 많아요. 그 뒤에 동네 정육점은 어떻게 되었을까요? 발 빠르게 정육점 주인은 정육점을 팔고 나갔어요. 동네의 시정을 모르던 새 주인이 이 자리를 인수했나 보더라고요. 슬픈 일이에요. 그분이 지나다니는 손님을 우두커니 보고 있는 모습을 보면서 참 안타까웠어요. 분명 적지 않은 권리금을 주고 왔을 거예요. 과거 매출 기록이 상당했으니까요.

이 정육점 외에도 동네에 야채, 과일 등을 저렴하게 팔고 있는 곳이 있어요. 이른 아침부터 손님이 길게 줄을 서던 곳인데 이곳도 아울렛이 생기자 매물로 나오더라고요. 역시 타격을 받았다는 소리예요. 제가 동네 상가 매물과 임대차 현황을 확인하는 습관이 있어서 알게 되었어요. 아파트 단지 내 슈퍼도 타격이 커요. 아울렛과 지척이라 손님이 확실히 줄었어요.

말로만 들었지 대형 쇼핑몰이 작은 상권을 흡수하는 걸 눈으로 직접 목격했네요. 대형 쇼핑몰이 생기면 주변에 우리네 가계와 밀접한 업종들이 타격을 입는다는 것을 다시 한번 알게 되었어요. 상가를 매수할 때 이런 업종은 인근에 대형 쇼핑몰이 들어올 계획이 있는지 꼭 확인하고 주의해야겠어요.

그러면서 아울렛과 무관하게 그래도 살아남는 업종이 무엇인지 살펴봤어요. 역시나 맛집이에요. 맛있는 음식점은 살아남더라고요. 타격을 입는 업종은 정육점, 야채가게 등으로 제한적이에요. 이 정육점 사건(?)을 계기로 느낀 것은 '독점 사업을 하되 반드시 권리금을 챙겨 받을 수 있을 때 최대한 챙겨 받자.' 하는 것입니다. 정육점을 인수한 새로운 사장님은 결국 몇 달을 버티지 못하고 나가셨어요. 독점 사업을 하시던 이전 사장님의 완벽한 승리인 것입니다. 아마 조금만 늦었어도 권리금을 받고 팔지 못하셨을 거예요.

📍 공인중개사와 좋은 관계를 쌓자

말하면 마음이 아픈데요. 배후세대가 풍부한 1층 상가를 몇 년 전에 이리저리 재다가 놓친 적이 있어요. 그때는 몰랐는데 그 근처에 블루클럽이 있었더라고요. 블루클럽이 들어선 이유, 즉 입지의 가치만 알았어도 그 상가를 바로 샀었을 텐데 아쉬워요. 해당 매물은 보증금 2천만 원, 임대료 120만 원에 매매가 2억 8천만 원이었어요. 대출 없이 5.5% 수익률이네요. 다시 생각해도 눈물 나요.

당시에는 모두가 아파트만을 바라볼 때여서 허름한 외관에 눈이 가지 않았어요. 매도인도 그렇게 생각했는지 꽤 저렴하게 내놓았더라고요. 그 뒤로 보니 공실도 안 나고 매물도 안 나오는 자리가 되었네요. 허름한 외관에 속지 말자 싶어요. 그 상가 주변 물건도 수익률이 쏠쏠해서 그런지 매물이 잘 나오지 않더라고요.

그러다 상가 근처에 오랜만에 다른 매물이 나왔어요. 반가운 마음에 공인중개사무소에 전화를 했어요. 5층 건물 4층 물건이었는데 보증금 2천만 원, 월세 120만 원에 매매가는 4억 7천만 원이었어요. 무대출 수익률은 3.2%였어요. 임차인은 피부관리숍을 오랫동안 하고 계셨는데 계약을 연장하고 싶어 했어요. 알아보니 같은 건물 5층 필라테스학원이 한 달 전에 5억 원에 나갔더라고요. 임대료는 같았어요. 필라테스학원에 고객인 척 전화했더니 예약이 꽉 찼다고

6장 상권분석 들여다보기

281

몇 달 뒤에나 가능하다고 하더라고요. 코로나19임에도 장사가 무척 잘되고 있었어요.

문제는 수익률이었어요. 5층 상가가 장사가 잘된다고 해서 4층 상가를 수익률 3.2%에 살 수는 없었어요. 그래서 일단은 손을 떼고 상황을 지켜보기로 했어요. 배후세대가 풍부한 입지라면 꼭 1층이 아니더라도 전 좋다고 봐요. 3층 이상은 학원(피아노, 태권도, 영어, 수학 등), 병원(소아과, 피부과, 이비인후과, 치과), 미용실, 피부관리숍, 스터디카페, 샐러드 가게도 가능해요. 주택가를 끼고 있으니 할 수 있는 업종도 다양하고 무엇보다 공실이 잘 안 나요. 물론 그렇다고 수익률 낮은 매물을 덥석 물면 안 됩니다. 정말 좋은 물건인데 수익률이 낮으면 상황을 지켜봐야 해요. 매도인 사정에 따라 매매가가 더 저렴해질 수도 있으니까요.

전 저만 이러는 줄 알았는데 저처럼 매일 원하는 지역의 매물을 검색해서 찾아보는 투자자들이 있더라고요. 원하는 지역 인근 공인중개사무소에 전화를 돌려서 원하는 금액대를 솔직히 밝히는 방법도 있어요. 저도 이러한 조건의 투자 물건을 찾고 있고, 금액대만 맞으면 바로 사고 싶다는 연락을 돌렸어요. 그랬더니 상가 매물이 나올 때마다 문자를 보내주시더라고요.

"안녕하세요, 사장님. 매물 기다리고 있는데 요즘 없나 봐요? 제가 문자 잘 보고 있으니 괜찮은 매물 있으면 문자 보내주세요. 원

월 500 임대료 받는 엄마의 상가 투자 시크릿

하는 가격대는 ○억 원대입니다. 조건만 맞으면 바로 살 거예요. 저 상가투자 처음 아니에요."

문자가 뜸해지면 한 번씩 전화를 더 돌려요. 그러면 다시 꾸준히 상가 물건을 브리핑해주시더라고요. 비싼 물건, 수익률 낮은 물건, 분양상가 등 불필요한 물건을 추천해주실 때도 있지만, 그래도 이렇게 공인중개사와 관계를 잘 쌓으면 그 지역 현황을 파악하는 데 많은 도움이 됩니다.

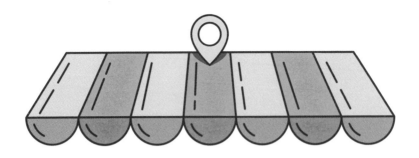

시황을 읽으면
돈 되는 업종이 보인다

계약면적/전용면적: 100평/50평

매매가: 13억 원

보증금/월세: 2억 원/500만 원

해당 층/총 층: 3층/12층

업종: 병원

이러한 조건의 가상의 매물이 있다고 가정해봅시다. 병원은 임대인들이 가장 탐내는 업종 중 하나예요. 안정적인 임대차가 가능하고, 건물의 가치까지 상승하는 등 여러모로 최고의 업종입니다.

이 매물의 보증금은 2억 원인데 월세는 500만 원이에요. 딱 봐도 보증금이 좀 과하지요? 이런 경우에는 인근 상가의 비슷한 평형과 보증금과 임대료 시세를 비교하면 도움이 됩니다. 임대료 시세는 네이버 부동산에 올라온 임대차 매물이나 가까운 상가 공인중개사무소에 가보면 알 수 있습니다.

○ 수익률만 보지 말자

일반적으로 보증금은 '월세×12'입니다. 대략 1년치를 미리 받아두는 것이지요. 이 경우 예상되는 보증금은 6천만 원입니다. 보수적으로 봐도 1억 원 정도인데 보증금이 2억 원으로 다소 과해요. 병원 같은 경우 우량 임차인이고 실사용 평수가 커서 보증금과 임대료가 높은 편입니다. 임차인도 우량 임차인이고, 수익률도 나쁘지 않으니 매수해도 될까요?

헷갈릴 때는 이 병원이 나간 뒤 이 보증금과 임대료를 주고 들어올 수 있는 임차인이 있을지 생각해보면 답이 나옵니다. 물론 누구나 탐내는 좋은 자리라서 또 다른 병원이 권리금을 주고 들이온다면 상관없습니다. 만약 입지가 애매하다면 원래는 병원 자리였지만 꼭 병원이 아니더라도 꾸준하게 임차인의 수요가 있는 자리인지 고려해야 합니다. 기존 임차인이 나가고 다음 임차인이 바로 구해지지 않으면 대출 이자는 둘째 문제고, 보증금 2억 원을 임차인에게 내줘야 합니다.

보증금은 간주임대료로 계산되어 부가세도 추가로 임대인이 납부해야 해서 필요 이상으로 크면 좋을 게 없어요. 얼핏 보면 매매가가 비싸지만 보증금을 크게 잡아서 수익률이 나빠 보이지 않아요 (제 기준에는 맞지 않지만 요즘 워낙 수익률이 떨어져서 사려는 사람이 있을 수 있어요). 수익률이 5% 중반으로 나쁘지 않아 매수했는데 우량 임차인인 병원이 이전하고 다른 병원이 들어오지 않는다면 어떻게 될까요?

이렇듯 상가 매수 시에는 수익률만 봐서는 안 됩니다. 지금 있는 우량 임차인이 나가도 꾸준한 임대 수요가 있는 자리인지, 즉 공실이 안 나는 자리인지도 함께 살펴봐야 합니다. 업종에 제한을 두지 말고 지금의 보증금과 임대료 수준에서 새로운 임차인이 들어올 수 있는지를 함께 따져봐야 합니다.

◯ 코로나19 수혜 업종

병원처럼 시기와 무관하게 좋은 업종이 있는 반면, 최근 장기화

된 코로나19로 의도치 않게 수혜를 보는 업종이 있어요. 대표적으로는 골프 관련 업종이에요. 해외여행을 못 가니 골프장과 골프용품점은 연일 호황이래요. 또 명품 관련 업종도 떠오르고 있어요. 보복소비 심리 때문에 명품의 수요도 크게 높아졌어요. 코로나19로 한쪽에서는 곡소리를 내는데 백화점 샤넬 매장 앞은 새벽부터 긴 줄을 서는 기현상이 벌어져요. 명품매장은 물건이 없어 못 팔고, 이러한 현상은 가격을 올려도 마찬가지예요.

골프 관련 업종과 명품매장의 급성장은 경제 전문가들도 전혀 예상하지 못했던 거래요. 참 신기하지요. 그러니 신문에서 자영업자들이 다 죽어간다, 경제가 엉망이다 하는 이야기만 듣고 맹신하면 안 될 것 같아요. 힘든 분들이 있는 것도 사실이지만 슬프게도 분명 호황인 업종도 있어요. 한쪽 면만 바라보고 믿으면 중요한 걸 놓칠 수 있어요.

전 이걸 상가에 빗대고 싶어요. 코로나19 전에는 입지가 좋은 상가가 1등 상가였어요. 명동, 홍대, 종로 등 여행객과 방문객이 많은 곳, 대학가 근처 등이 언제나 1등 입지였어요. 이런 곳이 불패였지요. 그런데 아시다시피 상황이 달라졌어요. 대학가 근처는 학생들이 학교를 안 가니 장사가 될 리가 없어요. 명동 상가를 가진 부자들이야 우리가 걱정할 것 없으니 제쳐두더라도 종로는 정말 깜짝 놀랐어요. 종로 영풍문고는 개인적으로 제가 정말 사랑하는 곳인데요. 종로 영풍문고에 가면서 지나치곤 했던 만년필 가게 자리가 공실인 것을 보고 큰 충격을 받았어요.

　그럼 코로나19로 인기를 누리고 있는 상권은 어디일까요? 사람들이 집 근처만 다니다 보니 집 근처 근린상권이 수혜를 보게 되었어요. 대단지 아파트를 끼고 있는 상가인데, 정확히는 단지 안에 있는 물건이 아니라 주변에 있는 상가가 최대 수혜를 보고 있어요. 물론 업종에 따라 단지 근처에 있더라도 피해를 보는 경우도 있어요. 아무래도 학원은 코로나19로 손실을 좀 입었어요. 이 밖에는 매물이 잘 안 보일 정도로 장사가 잘되고 있고요.

　그다음 코로나19 수혜 업종은 임대료가 150만 원 미만인 작은 상가예요. 제가 중점을 두고 투자하는 물건이지요. 코로나19가 만든 틈새상품인 것 같아요. 그런데 아쉽게도 여기서 '수혜'라는 건 임차인 입장이 아니라 임대인 입장에서 그렇다는 뜻이에요. 임대료가 작으니 임차인이 장사가 어렵더라도 잘 버티기 때문입니다. 반면 임대료가 큰 상가들은 대부분 관리비도 크고, 인건비도 많이 들어서 타격이 큰 편이에요. 재난지원금이 나온다 한들 별 도움이 안 될 정도로 타격이 큰 것 같더라고요.

　임대료가 작은 상가들은 대부분 1~2인 업종이에요. 특히 예전부터 예약제로 운영되었던 곳은 피해가 더 작아요. 사실 이 경우는 코로나19로 수혜를 보고 있다기보다는 피해가 덜하다는 표현이 맞겠네요. 임대인 입장에서도 이런 작은 상가는 임대료를 그나마 잘 받을 수 있어서 좋아요. 코로나19로 그동안 못난이 취급을 받던 1~2인 업종이 급부상했어요. 1~2인 업종의 작은 구분상가는 임대료, 관리비, 인건비 세 가지 측면에서 큰 상가보다 우위에 있어요. 그래서 경기가 어려워도 오래 버티는 것 같아요.

저는 어려울 때 속 썩이는 큰 빌딩보다 작은 금액이라도 따박따박 월세가 나오는 구분상가가 좋더라고요. 공실만 없으면 알짜상가가 따로 없어요. 알짜상가가 뭐 별건가요. 임대료만 잘 들어오면 그게 알짜상가이지요. 남들 다 갖고 싶어 하는 스타벅스, 파리바게뜨 상가는 아니지만 그래도 월급처럼 꾸준히 수입을 주는 상가가 제게는 소중한 알짜상가입니다.

⦿ 대세로 떠오른
소규모 비대면 1인 창업

최근에 신문을 보다가 눈에 띄는 기사를 발견했어요. 소규모 비대면 1인 창업이 대세로 떠올랐다는 기사였는데요. 2030세대가 취업 대신 창업을 하면서 프랜차이즈 업계의 큰손이 되었다고 하네요. 〈한국경제〉 2021년 8월 3일 기사입니다.

은퇴한 5060의 전유물이던 프랜차이즈 창업시장에서 2030 '젊은 사장'이 '큰손'으로 떠오르고 있다. 바늘구멍보다 좁아진 취업문을 통과하는 대신 창업을 택하는 이들이 늘어나면서다. 코로나19 이후 배달 중심의 '소규모·비대면·1인 창업'이 새로운 트렌드로 부상하면서 창업비용이 과거 홀 영업 중심에 비해 저렴해진 것도 진입장벽을 낮춘 요인으로 꼽힌다.

프랜차이즈는 왠지 1인 창업, 소규모 창업과는 어울리는 단어가 아닌 것 같은데 최근에 상황이 달라졌다고 해요. 우리가 아는 중대형 프랜차이즈 업종이 최근에 배달 전문점으로 탈바꿈하면서 사이즈를 축소한다고 해요. 기사에서는 본도시락, BBQ, 스쿨푸드 등이 매장 내 식탁, 의자를 빼고 배달원과 포장원의 대기공간으로 바꾸면서 소규모 비대면 1인 창업이 가능해졌다고 해요. 이러한 상가는 비교적 임대료가 낮은 골목상권에 자리 잡는다네요.

저번에 제가 가진 1층 상가에 배달만 전문으로 하는 카페를 창업하고 싶다는 제의가 들어왔어요. 옆 매장에서 카페를 하는 임차인이었는데 배달 주문이 너무 많아서 따로 배달전문점을 내고 싶다고 하더라고요. 배달 수요를 충당하려면 커피를 계속 갈아야 하는데, 소리가 너무 시끄러워서 소음 문제로 홀손님의 항의를 받은 모양이더라고요. 제 기존 임차인과 조건이 맞지 않아서 입점하지 못했지만 들어왔으면 어땠을지 궁금하긴 해요.

코로나19로 트렌드가 계속 변하네요. 지금은 작고 임대료가 저렴한 상가가 갑인 듯해요. 이 시기가 지나면 우후죽순 늘어난 소규

월 500 임대료 받는 엄마의 상가 투자 시크릿

모 상가는 어떻게 될까요? 이제는 우리에게 너무 익숙해진 배달문화가 쉽게 꺾일 것 같지는 않아요. 배달 시장이 커지고, 배달음식의 종류도 다양해졌어요. 코로나19가 종식해도 배달문화는 기존의 외식문화와 양립할 듯해요.

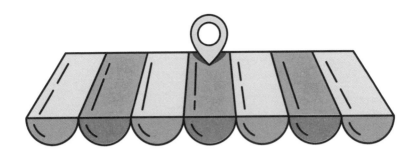

동네 안경점,
자세히 본 적 있으세요?

상가 관련 책을 보면 전국 단위로 투자하는 경우가 많더라고요. 서울 상권도 분석하고, 수도권 상권도 분석해서 골고루 분산투자를 해요. 저는 그게 너무 부러웠어요. 저는 제가 아는 곳을 분석하기에도 바빴거든요. 누군가 아무리 '상권'을 운운해도 직접 가서 보지 않으면 잘 모르겠더라고요. 제가 아는 곳이야 가고 또 가서 보면 그만인데, 전혀 모르는 곳은 그게 어렵더라고요. 리스크 관리 측면에서는 분산투자를 해야 하는데, 처음에는 이 문제로 스트레스를 많이 받았어요. '무리해서라도 다른 지역에 투자해야 하나?' 싶기도 했고요. 그런데 그럴 필요가 없더라고요.

월 500 임대료 받는 엄마의 상가 투자 시크릿

저는 같은 지역에 4개 상가를 갖고 있어요. 매물이 너무 몰려 있나 싶어 걱정되지만 층도 다르고, 업종도 다르고, 계약 기간도 다르니 그 자체가 분산투자더라고요.

아이를 둘이나 돌봐야 하는 처지여서 임장 가능한 반경도 작아요. 제가 아는 곳이라곤 집 근처, 친정 근처, 직장 근처, 대학생 때 자주 놀러 다니던 곳이 전부예요. 이건 다른 분도 다 비슷하지 않을까 싶어요. 그런데 이렇게 4개 지역의 상권만 알아도 충분한 것 같아요. 대학생 때 여기저기 많이 놀러 다닌 게 이럴 때 도움이 되네요. 상가 보는 안목도 많이 놀러 다닌 사람이 더 뛰어난 것 같아요.

📍 동네 안경점의 비밀

저는 4천 세대가 넘는 대단지 아파트에 살고 있어요. 아파트만 있는 게 아니라 근처에 다세대주택, 오피스텔 등 배후세대가 풍부해요. 동네에 안경점이 몇 군데 있는데, 지나갈 때 보면 안경점은 항상 넓고 목 좋은 1층에 위치해 있더라고요. '안경점을 이렇게 크게 할 필요가 있나? 임대료도 안 나오겠다.' 하는 생각을 하곤 했어요. 제가 1.5로 시력이 좋은 편이어서 안경에 무지했기 때문일까요.

그러던 어느 날, 첫째 아들이 건강검진에서 시력이 안 좋게 나와 안경을 맞추게 되었어요. 태어나서 처음으로 안경을 사러 안경점에 갔어요. 안경테를 고르고, 안경을 기다리고 있으려니 왜 안경점이 넓고 좋은 곳에 있는지 깨닫게 되었어요. 일단 주택가라 그런지 초등학생 손님이 많이 와요. 우리 아이처럼 눈 나쁜 아이가 왜 이리 많은지. 새 안경을 사러 오기도 하고, 부러지고 잃어버린 안경을 고치러 오기도 해요. 패션안경을 찾는 젊은 여자 손님도 많더라고요. 렌즈 찾는 손님, 시력 측정하러 온 손님 등 정말 신기한 광경이었어요.

안경점은 일단 검사기계 값이 비싸고, 인테리어까지 하면 자본이 꽤 필요한 걸로 알아요. 실력 있는 안경점은 동네 A급 자리에 위치해서 10년 이상 장사를 오래 해요. 무엇보다 안경점은 불황도 없고 마진이 많이 남는 사업이어서 안정적인 편이에요. 즉 약국 못지않게 우량한 업종인 것입니다. 사람은 아는 만큼 보인다고 했던가요. 이제는 안경점을 발견하면 보는 눈이 달라졌어요.

월 500 임대료 받는 엄마의 상가 투자 시크릿

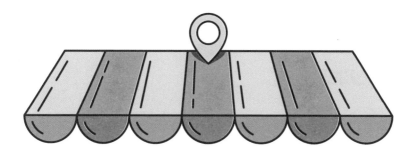

스터디카페와
학원 상가

스터디카페는 코로나19 수혜 업종일까요, 아닐까요? 스터디카페는 함께 희망퇴직을 한 제 직장동료 중 한 명이 창업한 업종이어서 저도 눈여겨보고 있는 사업이에요. 2018년 말에 퇴사하고 2019년 초에 바로 창업을 하더라고요. 그 당시 저는 스터디카페가 뭔지도 몰랐어요. 당시에는 스터디카페가 학군지 위주로 막 생겨나기 시작할 때였어요. 저는 이름도 낯선 스터디카페가 '민들레영토' 같은 건가 싶었어요(민들레영토 아시나요? 젊으신 분은 모르실 것 같은데 커피와 토스트를 무제한 리필해서 먹을 수 있고, 스터디룸도 빌릴 수 있는 문화형 카페예요).

임대인 입장에서 바라본 스터디카페

하여튼 그 직장동료는 프랜차이즈 스터디카페를 창업했는데, 이야기를 들어보니 생각보다 비용이 많이 들어서 깜짝 놀랐어요. 퇴직금으로는 자금이 부족해서 추가 대출을 받았다고 해요. 전체 인테리어를 하고, 관련 집기를 모두 새것으로 마련해야 했어요. 같은 월급쟁이였는데 생각의 차이가 어찌나 크던지. 과감히 사업을 벌이는 직장동료를 보고 감탄했어요. 그동안 사업가 기질을 숨기고 어떻게 직장에 다녔는지 모르겠어요. 직장동료가 저보다 나이가 많아서 사석에서는 제가 언니라고 불렀어요.

"언니, 이거 하면 우리 월급만큼은 나와?"

아무것도 모르니 제가 무식한 질문을 했어요.

"야! 우리 월급만큼 나오면 내가 왜 이 고생하나?"
"더 나와? 그럼 언니 부자되는 거야? 부럽다."
"부자는 무슨 부자. 이거 차리느라 받은 대출금이나 빨리 갚고 싶다."

월 500 임대료 받는 엄마의 상가 투자 시크릿

저는 그때 첫 상가를 매수하기 전이라 퇴사하고 이렇게 빨리 수입을 만들어내는 언니가 부러웠어요. 그래서 '나도 우리 동네에다 하나 차려볼까?' 싶었지만 사업은 제 길이 아닌 것 같아 포기했어요. 스터디카페를 오픈하고 돼지머리를 올려서 고사도 지냈어요. 2019년은 사업이 아주 잘 풀렸어요. 직장동료가 열의도 많고 항상 뭐든 열심히 하는 스타일이었거든요. 자기 사업이니 얼마나 열심이었겠어요?

직장동료는 하루 종일 쓸고 닦고, 돈 아끼지 않고 공기청정기며 추울 때 덮을 담요며 슬리퍼며 부지런히 사다 날라요. 뭐 남는 게 있나 싶을 정도로 운영하면서 필요한 것은 바로 사서 채워 넣더라고요. 그것도 아주 좋은 브랜드의 제품만 사서 채워 넣어요. 근데 그거 아세요? 다들 모를 것 같지만 이용객들은 그런 걸 하나둘 눈치를 채요. 자연스럽게 주변 스터디카페와 비교하게 되고, 단골고객이 늘어나기 시작합니다. 또 스터디카페는 분위기가 안 좋다고 소문나면 이용객이 안 온대요. 그래서 와서 공부는 안 하고 수다만 떨거나 폰만 보는 학생이 있으면 이용권을 환불해줄 테니 가져도 좋다고 했다네요. 정말 대단해요.

그러다가 2020년에 코로나19가 터져요. 아, 그런데 다행히 스터디카페가 대표적인 수혜 업종이었다고 해요. 도서관 등 공공시설이 다 문을 닫아서 스터디카페로 사람이 몰린 것입니다. 빌린 대출금만이라도 갚고 싶다던 직장동료는 집도 더 넓은 곳으로 이사 가고, 차도 좋은 차로 바꾸게 됩니다. 직장만 다니다가 그렇게 사업을 하는 것도 신기한데, 그걸 또 성공시키니 더 대단해 보이더라고요. 물론 그냥 나온 결과물은 아니에요. 저는 멀리서나마 그 과정을 봐서 잘 알아요. 청소업체도 따로 두지 않고 직접 해요. 또 CCTV를 핸드폰으로 연결해서 새벽에도 일이 생기면 바로 달려가곤 한대요. 역시 세상에 공짜는 없어요.

네이버 카페에서 직장동료가 운영하는 스터디카페를 검색해보니 여긴 분위기가 다르다, 공부가 잘된다, 비품이 다른 데보다 더 좋다 등의 글이 많아요. 이곳을 이용한 수험생들은 벽에 포스트잇으로 각종 감사 메모를 남기기도 하고요. 직장동료의 노력과 진심이 통한 것입니다. 이럴 땐 사업이 돈 이상의 가치와 보람이 있는 것 같아요.

반면 스터디카페라고, 코로나19 수혜 업종이라고 해서 다 잘되는 것 같지는 않아요. '아프니까 사장이다' 카페에 가면 무권리나 저렴하게 넘기는 스터디카페도 많이 보여요. 같은 업종도 이렇게 양극화 현상을 보이네요. 저는 겁쟁이라 사업을 할 스타일은 아니지만 어떤 자세로 어떻게 자영업을 해야 성공할 수 있는지 확실히 보고 배웠어요.

그럼 상가 임대인 입장에서 스터디카페는 어떨까요? 지금은 스터디카페가 우후죽순 생겨서 경쟁력이 필요한 시기가 되었어요. 한 건물에 서로 다른 스터디카페가 2개나 있는 곳도 봤어요. 또 창업할 때 비용이 꽤 많이 들어요. 기존 스터디카페를 인수하더라도 목 좋은 곳은 권리금이 비싸더라고요. 임대인 입장에서는 상가도 깔끔하게 운영되고, 인테리어 비용도 많이 들다 보니 선호하는 업종에 속해요.

📍 그럼 학원 상가는 어떨까?

안정적인 업종을 찾다 보면 학원이 눈에 들어와요. 잘 자리 잡은 학원은 5~10년 이상 같은 자리에서 운영되기도 해요. 특별히 원생이 늘어나서 학원 규모를 넓히지 않는 이상 학원은 쭉 그 자리에 있어요. 아파트 단지 내 상가에도 있고, 주택가가 많은 곳 근처에도 있고, 학원이 밀집한 학군 주변에도 위치해요. 단지 내 상가에는 대부분 2~3층에 위치하고, 일반 건물에서는 3~7층 사이에 위치해요.

아는 지인이 학군지에 살고 있어서 첫 상가 투자로 학원 상가를 사고 싶어 했어요. 본인이 많이 봤고 잘 아는 분야였거든요. 그런데 학원 자리가 매물로 잘 나오지 않았어요. 그러다 정말 오랜만에 매물이 하나 나왔는데, 10년 이상 학원이 임차해서 운영을 하고 있던 곳이었어요. 반가운 마음에 공인중개사무소에 달려간 친구는 공인중개사로부터 이런 말을 들어요. "학원은 시세차익은 기대하시면 안 됩니다. 임대료 인상에도 한계가 있어요." 말 그대로예요. 임대료도 보통 현재 받고 있는 선에서 유지가 된대요. 임대료가 고정적이라는 건 매매가도 거의 움직임이 없다는 뜻이에요. 물론 아예 변동이 없다는 뜻은 아니에요. 시간이 지나면 물가상승률 이상으로 오르긴 해요. 하지만 약간 공격적인 투자를 원했던 친구는 자신의 성향과 맞지 않는 것 같아 결국 매수를 포기합니다.

저도 수도권 1,200세대 아파트 단지 내 상가 2층 학원 매물을 심각하게 살지 말지 고민한 적이 있어요. 피아노학원이었는데 같은 자리에서 15년 이상 운영하셨고, 임차인 본인이 상가주였어요. 가보니까 학원은 깨끗했는데 문을 닫고 운영을 안 하고 계시더라고요. 왜 그런가 하니 오랜 학원 운영에 지쳤고, 마침 코로나19로 원생도 줄어서 이번 기회에 다 접고 나갈 계획이라고 하시네요. 시설비가 아까워서 권리금을 받고 넘길까 하다가 그것도 귀찮아서 그냥 매도로 내놓으셨대요. 필요하면 피아노도 다 치우고 나가시겠다고 해요.

매매가 2억 5천만 원, 보증금 2천만 원, 월세 100만 원으로 수익률은 5.22%였어요. 조건은 나쁘지 않았어요. 같은 건물 2층은 미술학원, 영어학원이 있었고, 같은 층 맞은편 계단 쪽에는 중국집과 식당이 있더라고요. 평일 낮에 가봤더니 학원을 이용하는 아이들이 복도에서 왔다갔다하고 있어요. 그런데 이 매물을 포기한 이유는 같은 층 중국집 임차인이 계약 만료 후에 나가겠다고 했기 때문입니다. 중국집 매물을 보니 피아노학원이랑 같은 평수인데 보증금 1천만 원에 임대료는 80만 원이에요. 수익률은 4%로 피아노학원 5.22%와 비교하면 더 떨어지더라고요. 만일 공실이 생기면 피아노학원 자리도 수익률이 낮아질 위험이 있었어요.

아쉬움이 남아 며칠을 고민했어요. 그렇게 혼자 고민하고 있는데 누가 매수해버렸어요. 놓치고 나니 인근에 마땅한 학원 물건이 보이지 않아 더 아쉽게 느껴졌어요. 아무래도 저 역시 친구처럼 시세차익에 대한 미련을 완전히 버리진 못하겠더라고요.

참고로 학원은 등록 업종으로 면적에 대한 기준이 있어요. 그 기준보다 작으면 학원을 낼 수 없어요. 지역별로 면적 기준이 약간 상이한데요. 학원 임대차를 위해 상가를 매수한다면 각 지역별 교육청에 문의하셔서 꼭 확인하셔야 해요. 어느 분이 이런 기준을 전혀 모르시고 전용면적 10평 상가를 학원 용도로 사셨다고 해서 깜짝 놀랐네요.

참고로 기준 면적은 학원 내부의 전체 강의실(실습실, 열람실)에 대한 바닥면적의 합계입니다. 강의실이란 순수하게 강의하는 공간만을 의미하므로 강의실 외의 공간(사무실, 교무실, 원장실, 복도 등)은 강의실 면적에 포함되지 않아요.

학원의 건축물 용도는 제2종근린생활시설이거나 교육연구시설이어야 해요. 기존 학원 상가를 포괄양수도로 매수하는 경우라면 문제없지만, 내가 새로 상가를 사서 학원을 임차시킬 계획이라

서울교육청에 명시된 학원의 면적 기준

종류	분야	계열	교습 과정	면적 기준
학습 교과 교습학원	입시, 검정, 보습	보통 교과	입시	660m² 이상
			검정고시	90m² 이상
			보습·논술	70m² 이상
		진학지도	진학상담·지도	70m² 이상
	국제화	외국어	보통 교과에 포함되지 않는 실용 외국어	150m² 이상
	예능	예능	음악, 미술, 무용	조례 참고
	독서실	독서	유아 또는 초·중·고 학생을 주된 대상으로 하는 시설	120m² 이상
	정보	정보	정보 교과에 속하는 교육 활동	조례 참고
	특수교육	특수교육	특수학교 교육 과정에 속하는 교육 활동	70m² 이상
	기타	기타	기타 교습 과정	70m² 이상

자료: 서울교육청

면 조건에 맞는지 확인해야 합니다. 프랜차이즈 학원, 대형 학원을 제외하고 일반적으로 주택가 근처에서 볼 수 있는 학원은 전용면적 21~30평 사이이고, 보증금 2천만~3천만 원, 임대료 100만~250만 원 수준이에요. 보증금 3천만 원, 임대료 200만 원이라고 가정할 시 수익률 4% 상가의 예상 매매가는 6억 3천만 원이고, 수익률 5% 상가의 예상 매매가는 5억 1천만 원이네요. 큰 욕심 없이 꾸준한 임대 수입을 원하신다면 학원 상가도 괜찮아 보입니다.

월 500 임대료 받는 엄마의 상가 투자 시크릿

코로나19가 처음 발생했을 때만 해도 저를 포함해 많은 집이 학원을 끊고 안 보내다가, 코로나19가 장기화되니 다시 보내기 시작했어요. 학교까지 안 가니 학업수준이 너무 떨어져서 안 되겠더라고요. 학교 수업이 불규칙적이다 보니 학원에 대한 의존도가 더 커진 것도 사실이고요. 문제는 태권도, 피아노, 수영장 등 예체능 분야 학원은 여전히 어렵다고 해요.

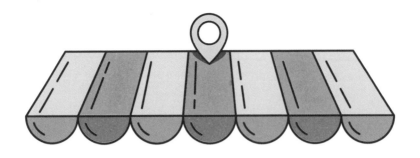

미용실 상가와
1층 부동산 자리

이번에는 미용실 상가와 1층 부동산 자리에 대해 알아볼게요.

📍 임대인이 선호하는
미용실 상가

미용실은 임대인들이 비교적 좋아하는 업종 중 하나예요. 커다란 프랜차이즈 미용실을 제외하고 동네에서 흔히 보이는 미용실은 12~20평 정도이고, 보증금 2천만~3천만 원에 월세 100만~200만 원 정도가 일반적이네요. 요즘에는 '바버숍'이라고 단가가 비싼 남성 전용 미용실도 많이 생겨나고 있어요. 미용실은 일단 인테리어에 공을 들이니 상가가 깨끗해 보여요. 그리고 인테리어 비용이 많이 들어서 대부분 권리금이 형성되고요. 임차인들도 계약 만료 전에는 되도록 나가지 않아요. 계약 만료 후에도 다음 임차인이 구해질 때까지 기다리고요.

코로나19로 외출이 제한되니 머리 꾸미는 횟수도 줄어들었어요. 우스갯소리로 미용실에서 하시는 말씀이 손님들이 바야바(상상 속의 털복숭이 괴물) 정도는 되어야 못 참고 온대요. 그 정도까지는 아니겠지만 외출이 줄어드니 저부터도 머리에 신경을 덜 쓰게 되더라고요. 힘들어서 폐업하시는 분도 있지만 이 시기를 기회로 보고 창업하시는 분도 있어요. 내 상가에 실력 있는 미용사가 미용실을 차리면 더할 나위 없이 좋을 듯해요.

📍 누구나 탐내는 대단지 내 1층 부동산

얼마 전에 지은 지 10년 안 된 대단지 아파트의 단지 내 상가 1층이 매물로 나온 걸 봤어요. 1천 세대 정도였는데 인근 다른 아파트도 있어서 딱 공인중개사무소를 하면 좋겠다 싶더라고요. 다른 공인중개사에게 이런 의견을 조심스레 물어봤어요(경쟁자가 추가로 들어오는 걸 기존의 공인중개사가 좋아할 리 없어요). 그런데 하시는 말씀이 이 아파트를 지을 때 시행사에서 딱 두 군데를 공인중개사무소 자리로 지정해둬서 다른 상가는 창업을 할 수가 없대요.

실제로 그 지정된 자리인 본인의 상가가 임대료만 월 200만 원이고, 바로 옆의 같은 평형 상가의 임대료는 월 120만 원이래요. 바로 옆으로 이동하고 싶은데 이동하면 영업을 할 수 없다고 해서 이동하지 못하고 있다네요. 독점으로 공인중개사무소 자리를 주었으니 임대료와 매매가가 높은 건 당연해요. 이런 사실을 모르고 저는 나중에 애들 크고 나면 제가 공인중개사무소를 개업할 생각으로 이 자리를 사려고 했었어요. 확인 안 해보고 덥석 샀으면 큰일 날 뻔했네요.

간혹 다세대주택이 많이 위치한 지역에 공인중개사무소 자리가 임대차가 맞춰진 상태로 나오는 경우가 있어요. 근방의 작은 월세 임대차나 매매를 주로 다루는 공인중개사무소이다 보니 얻을 수 있는 중개수수료가 낮은 편이에요. 그래서 이런 상가는 임대료도 무척 낮아요. 저는 아무리 공인중개사무소가 우량한 업종이라고 해도 이런 자리는 포기했어요. 사실 좋은 자리면 공인중개사가 가만히 뒀겠어요? 다세대주택이 많은 곳에 위치한 공인중개사무소는 이동이 잦고 수입도 낮아서 폐업률이 높아요.

개인적으로 유일하게 분양을 받아 노려보고 싶은 자리가 대단

월 500 임대료 받는 엄마의 상가 투자 시크릿

지 아파트 단지 내 1층 공인중개사무소 자리입니다. 궁금해서 제가 살고 있는 아파트 단지 내 공인중개사무소의 등기부등본을 살펴본 적이 있는데요. 역시나 아파트 분양 당시 분양받으신 상가주가 30년 넘게 안 팔고 가지고 계시네요. 이 자리는 매물로 안 나오냐고 물으니 이런 자리는 안 팔고 증여나 상속을 한대요.

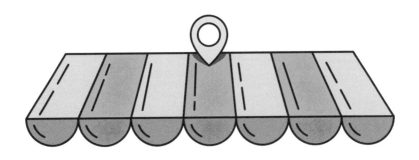

무인점포
전성시대

장기화된 코로나19로 상가 공실이 많아지고, 이와 별개로 인건비는 해마다 오르고 있어요. 그러면서 생겨나기 시작한 게 무인 카페, 무인 편의점, 무인 과일가게, 무인 문방구, 무인 밀키트점 등이에요. 요즘 보면 정말 무인점포 전성시대인 것 같아요. 무인점포라고 하면 아이스크림 가게 정도만 생각했는데 생각보다 업종이 많아서 놀랐어요.

올해보다는 내년에 더 많이 늘어날 듯해요. 배후세대가 풍부한 곳은 빠르게 진입해야 할 것 같아요. 최근에 제가 '여기에 무인점포 하나 내고 싶다.' 하는 곳은 어김없이 들어오더라고요. 공실로 두느

월 500 임대료 받는 엄마의 상가 투자 시크릿

니 직접 무인점포를 여는 임대인도 늘고 있어요. 수완 좋은 임차인은 이런 무인점포를 몇 개씩 운영하기도 하고요. 마진이 남을까 싶은데 인건비가 안 드니 수익이 나오긴 한다고 해요. 무엇보다 종일 매장에 매달려 있을 필요가 없으니 관리하기가 쉬워요.

◉ 효율적으로 여러 개 운영 가능한 무인점포

무인점포는 동시에 여러 개를 운영할 수 있고, 본업이 있는 상태에서도 손쉽게 운영할 수 있어요. 문제점은 도난 가능성이에요. CCTV를 달아둔다 해도 갖고 도망가면 속수무책이에요. 뉴스에도 무인점포 도난 사건이 종종 나와요. 직원이 상주한 가게에 비해 아무래도 도난 문제에 취약할 수밖에 없어요.

무인 아이스크림 가게에 직접 가보니 아이들이 편하게 많이 오고가더라고요. 우리 아들만 해도 여름에 슈퍼보단 무인 아이스크림 가게가 더 편하다고 해요. 또 최근에 눈여겨보고 있던 상권에 무인 카페가 있길래 가본 적이 있어요. 말로만 들었지 직접 이용해보니 편리하고 쾌적하더라고요. 가장 저렴한 음료가 아메리카노로 1,400원이었어요. 잠깐 이용하는 동안에도 사람들이 많이 들락날락하더라고요. 24시 무인 카페였는데 겨울에 추우면 그냥 들어가 있기 딱 좋겠더라고요. 또 입구에 '1인 1잔'이라는 문구는 있지만 지키는 사람은 거의 없었어요. 직원이 없으니 4명이 가서 2잔만 시키고 앉아 있어도 눈치가 안 보여요.

무전취식, 노숙인 문제 때문에 24시 운영보다는 밤 11시 정도까지 여는 게 낫겠다는 생각이 들어요. 물론 집이 멀지 않으면 하루 종일 매어 있지 않아도 되니 24시 운영도 가능할 것 같아요. 집에서 좀 멀면 문 열고 닫고, 중간에 한두 번 관리할 아르바이트를 뽑아도 나쁘지 않을 것 같아요. 상가를 하면서 한 번도 창업에 대해 고민해 본 적이 없는데 무인점포는 탐이 나더라고요. 특히 무인 카페는 근처에 커피전문점이 없다면 경쟁력이 있겠다 싶어요.

최근에 네이버 부동산에서 무인 카페 매물을 본 적이 있어요. 그런데 수익률이 3.48%라서 많이 아쉬워요.

계약면적/전용면적: 15.67평/11.79평

매매가: 3억 2천만 원

보증금/월세: 1천만 원/90만 원

해당 층/총 층: 1층/1층

업종: 무인 카페

무인점포는 코로나19로 확산된 비대면 문화와 최저시급 상승이라는 두 가지 악재가 만든 새로운 시장이에요. 성장세도 빠르고 업종도 확대되고 있어요. 프랜차이즈 창업 시 깔끔하고 손쉽게 운영이 가능해요. 무엇보다 최대 장점은 24시간 영업이 가능하다는 점입니다. 최근에는 은행도 무인점포를 열었다고 하니, 앞으로도 무인점포 시장은 더욱 확대될 것으로 보입니다.

SK텔레콤 뉴스룸 실험실은 빅데이터 분석 플랫폼 지오비전 (Geovision)을 통해 2021년 상권별 매출, 유동인구 등을 비교 및 분석해 '2021년 대한민국 상권 순위'를 발표했습니다. 자료에 따르면 2021년 대한민국 1위 상권은 '압구정역 주변'이었는데요. 2021년에 순위가 크게 상승한 상권은 '청담역 부근'이었으며, 재택근무와 여행 제한의 영향으로 직격탄을 맞은 상권은 삼성역과 명동 인근이었습니다. 상권과 매출 추정액은 지오비전을 통해 수집되는 카드 매출, 유동인구, 업소 밀집 수준, 소상공인 데이터베이스 등을 통해 추산되었다고 합니다.

본문에는 1위부터 50위 상권까지만 공개하며, 나머지 순위는 SK텔레콤 뉴스룸(news.sktelecom.com)에서 확인하실 수 있습니다.

2021년 대한민국 상권 순위

순위	상권명	월 매출(억 원)	일 유동인구(명)
1	서울 압구정역	4,092	23만 1,341
2	서울 강남역 북부	4,030	40만 1,423
3	서울 강남역 남부	3,586	46만 3,432
4	서울 신사-논현역	2,319	28만 5,545
5	서울 천호역	1,786	18만 5,641
6	부산 서면역	1,739	47만 3,248
7	서울 학동역	1,584	25만 2,934
8	서울 학동사거리	1,429	14만 9,323
9	서울 종각역	962	51만 8,842
10	대구 반월당사거리	958	29만 7,697
11	서울 선릉역	949	30만 3,309
12	울산 남구청	840	15만 1,877
13	성남 서현역	727	17만 6,240
14	성남 야탑역	710	15만 7,426
15	서울 서울대입구역	676	31만 5,665
16	서울 노원역	654	26만 8,922
17	대전 둔산2동	635	15만 7,988
18	서울 삼성역	613	24만 1,521
19	서울교대역-남부터미널역	604	31만 6,341
20	안산 초지동	601	5만 1,761
21	인천 부평시장역	597	46만 1,941
22	서울 성수역	582	46만 3,972

23	대전 둔산 샤크존	576	18만 3,626
24	서울 한티역	548	11만 4,847
25	부산 자갈치시장, 국제시장	533	51만 3,229
26	서울 잠실역	529	30만 3,936
27	서울 교대역	524	29만 4,548
28	수원시청	498	20만 3,952
29	안양 범계역	481	20만 1,723
30	서울 신촌역	478	28만 2,390
31	부산 범일동역	441	33만 2,686
32	서울 신천역	437	12만 4,184
33	서울 영등포시장역	430	32만 1,789
34	이천 창전동	425	18만 2,836
35	부천 중동사거리	410	25만 6,128
36	성남 정자역	407	13만 7,092
37	부천 중1, 2, 3동	394	17만 7,671
38	서울 홍대입구역	393	22만 1,718
39	안산 호수동	391	11만 2,840
40	부산 하단역, 당리역	385	21만 445
41	안산 중앙역	385	19만 3,349
42	구리시 구리역	376	21만 9,910
43	서울 신대방역 북부	374	8만 7,884
44	군포시 산본	366	16만 2,190
45	부산 장산역	360	18만 1,385
46	대구 범어동	356	16만 7,449

월 500 임대료 받는 엄마의 상가 투자 시크릿

47	익산 이리동초교	352	15만 8,381
48	부천 역곡역	350	13만 3,332
49	서울 오목공원	350	10만 9,046
50	인천 구월로데오거리	350	6만 5,620

자료: SK텔레콤 뉴스룸 실험실

에필로그

누구나 시작은
작고 초라하다

세상에는 부자가 참 많아요. 영화나 책뿐만 아니라 요즘에는 유튜브에도 부자가 많이 보이더라고요. 서점에만 가도 주식 부자, 부동산 부자가 쓴 책이 널렸어요. 책을 보면 20~30대 젊은 암호화폐 부자도 보이고, 자산이 70억 원대이거나 집을 100채씩 가진 부자도 보여요. 부럽지만 나와는 아무 상관없는 세상이에요.

그런 책은 자극적이고 나와는 먼 일처럼 느껴져요. 그러다 문득 저처럼 '작지만 현실적인' 부를 이룬, 좀 더 실질적이고 도움이 될 만한 책이 있으면 좋겠다는 생각이 들었어요. 엄격한 기준으로 보면 저는 결코 부자가 아니에요. 하지만 제 기준에서는 부자예요. 세상에 자기가 이룬 부에 만족하는 사람은 없을 거예요. 겪어보니 가지면 가질수록 더 갖고 싶어져요. 그래서 투자를 시작할 때는 이루고자 하는 부의 기준을 명확하게 정하는 게 좋아요. 방향을 잃지 않기 위해서는 남과 비교하지 말고 자신만의 기준을 세워야 해요.

과거에 제가 생각한 부는 일단 우리 가족이 편안하게 쉴 수 있는 내 집을 마련하는 것이었어요. 아이들이 마음껏 낙서도 할 수 있고, 제 마음대로 꾸밀 수 있는 그런 집이 필요했어요. 그다음 목표는 배우자의 도움 없이 일을 하지 않아도 제 스스로 아이들 학원비와 생활비 일부 정도는 충당하고 싶었어요. 10년 이상 맞벌이였다가 갑자기 외벌이가 되는 바람에 남편의 어깨가 무거워졌어요. 그래서 그 짐을 좀 덜어주고 싶었어요. 마지막으로 집값이 올라도 너무 올랐어요. 과연 우리 아이들이 미래에 그걸 감당할 수 있을지 모르겠어요. 그래서 집을 사주진 못하더라도 보탬이 되어줄 수 있다면 저는 충분히 부자라고 생각해요.

이러한 목표는 사실 따로따로 달성해야 하는 게 아니라 잘 보면 하나로 연결되어 있어요. 단지 목적에 맞게 취득해야 할 부동산의 종류가 달라져요. 그 투자 상품이 꼭 부동산일 필요도 없고요. 이 정도만 달성해도 제 기준에는 부를 이뤘다고 생각해요. 돈만 좇다가 가족의 행복을 놓치고 싶지는 않아요. 행복하려고 부를 이루는 것이지 통장에 찍히는 동그라미 수를 늘리기 위해 사는 게 아니잖아요? 아이들도 지나친 경제적 풍요 속에서 키우고 싶지는 않아요. 부모의 사랑과 관심 속에서 부족함을 어느 정도는 알고 자라야 내면이 단단해진다고 생각해요.

부를 이루고 싶은 소박한 이유가 하나 더 있어요. 퇴사를 하고 나서도 끊지 못하는 게 스타벅스 커피였어요. 회사를 다닐 때야 '난 워킹맘이야.' 하는 마음으로 편하게 마시던 커피 한잔이 퇴사를 한 순간 죄책감으로 변했어요. 누가 뭐라 하는 것도 아닌데 '이런 사치를 부려도 되는 걸까?' 싶더라고요. 한편으로는 좀 짜증도 났어요. 내가 샤넬백을 사는 것도 아니고 그깟 커피 한잔 못 마시나 싶었어요. 책도 무척 좋아하는데 퇴사하고 나니 책값도 만만치 않게 부담스럽더라고요. 또 직장에 다닐 때는 기분 내킬 때 네일아트도 하고, 여름에는 페디큐어도 했어요. 이것도 가격이 만만치 않아요.

이것저것 계속 하고 싶은 건 많은데 비용을 따져보니 가정주부에게는 다 사치처럼 느껴졌어요. 식자재를 살 때도 되도록 좀 멀어도 시장에 가서 저렴하고 질 좋은 식자재를 사려고 노력해요. 하지만 집 앞에 바로 백화점이 있는데 덥고 추울 때는 그냥 백화점에 가서 편하게 사고 싶어요. 호박 한 개, 파 한 단 붙잡고 시장과 백화점의 가격을 비교하는 제 자신이 싫었어요. 다른 이유보다도 이런 소소한 불편함이 컸어요.

이런 상황에서 벗어나기 위해서는 꾸준히 발생하는 소득이 필요했어요. 월급을 대체할 소득 말이에요. 그러다 상가 투자를 결심했고, 공부했고, 결국 실행했어요. 결과는 만족스러웠고요. 책을 끝

월 500 임대료 받는 엄마의 상가 투자 시크릿

까지 다 읽으시면 '에게, 겨우 이 정도야?'라고 생각하실지 몰라요. 반대로 '오, 이 정도면 나도 해볼 만하겠다.' 싶으신 분도 있을 거고요. 이미 큰 부를 이루셨거나 더 큰 부가 목표라면 읽은 다음 그냥 웃고 넘어가실지 모르지만, 누구나 시작은 작고 초라한 법입니다.

저는 학령기 자녀 둘을 키우는 엄마예요. 가끔 생각해요. 내가 미혼이었으면 이런 일들을 해낼 수 있었을까? 못했을 것 같아요. 상황이, 엄마라는 위치가 절 이렇게 용감하게 만든 것 같습니다. 그리고 저와 같은 사람들을 위해서 이 책을 쓰기 시작했어요. 큰돈이 아니더라도, 소박하지만 단돈 50만 원, 100만 원 정도라도 정기적으로 들어온다면 살림에 큰 보탬이 될 것입니다. 특히 저처럼 아이 키우는 부모나 퇴직을 하신 분이라면 정기적인 수입이 더 절실할 거예요. 이 책이 그런 분들에게 작은 도움이 될 수 있으면 좋겠습니다.

마지막으로 제가 뭘 하든 반대 한 번 안 한 신랑과 엄마가 회사를 관두고도 자꾸 뭘 해서 불만인 두 아들 주한이, 윤재에게 감사의 인사를 전합니다. 그리고 글을 써보라며 권한 친구 아람이에게도 감사의 마음을 전해요. 고마워 아람아, 우리 애들 다 키우고 해외여행 가서 흥청망청 놀자!

월 500
임대료 받는 엄마의

상가
투자
시크릿

초판 1쇄 발행 2022년 4월 15일
초판 6쇄 발행 2022년 12월 20일

지은이 안선이
펴낸곳 원앤원북스
펴낸이 오운영
경영총괄 박종명
편집 이광민 최윤정 김형욱 양희준
디자인 윤지예 이영재
마케팅 문준영 이지은 박미애
등록번호 제2018-000146호(2018년 1월 23일)
주소 04091 서울시 마포구 토정로 222 한국출판콘텐츠센터 319호 (신수동)
전화 (02)719-7735 | **팩스** (02)719-7736
이메일 onobooks2018@naver.com | **블로그** blog.naver.com/onobooks2018
값 17,000원
ISBN 979-11-7043-302-6 03320